RESPONSE

D'VN PETIT OFFICIER
DE L'VNIVERSITÉ DE PARIS,
à vn sien amy qui se plaignoit
du mauuais exercice qu'il
disoit estre dans les
Colleges d'icelle
Vniuersité.

M. DCXVI.

RESPONSE

D'VN PETIT OFFICIER DE L'VNIVERSITÉ de Paris, à vn sien amy qui se plaignoit du mauuais exercice, qu'il disoit estre dans les Colleges d'icelle Vniuersité.

MONSIEVR,

Ie recognois au discours de vostre lettre, que vous estes des-ja fort preuenu d'vne bonn' opinion des Iesuites, puisque vous desirez auec tant d'ardeur, qu'a l'exclusion des seculiers, qui jusques en ces derniers temps ont eu charge de l'Institution de nostre jeunesse, elle soit desormais commise à ceste nouuelle Compagnie, comme à celle (dites vous) qui sçait & enseigne trop mieux

A ij

la pieté & les bonnes lettres. Ceste passion d'aimer la nouueauté, & y estre porté tout soudain est proprement nostre, qui en auons esté taxez par les anciens, & sommes encor' estimez tels de ceux qui font profit de nos inconsiderations & legeretez. Mais je ne m'arreste point sur ce reproche, pour venir à ce que vous m'escriuez. Vous me representez donc les grands defauts qui sont dans nos Colleges de Paris: Car c'est maintenant contre ce pauure reste d'Vniuersité qu'il faut butter, dautant qu'elle est seule demeurée pour donner le couuert à ce petit nombre de seculiers qui vaquent encor' à l'exercice des lettres, depuis qu'ils ont veu que tout leur a esté rauy par lesdits Iesuites aux lieux plus celebres ou ils enseignoyent, comme à Bordeaux, Tholoze, Reims, Poictiers, Bourges, Renes, Caen, Amiens, Dijon, Lyon, & en vn mot en toutes les villes de dedans & de dehors la France, ou ils ont peu s'establir, & des-ja se sont tresbien & commodément habituez, esquels lieux ils n'ont pas si tost esté receuz, qu'a l'instant ils ne se soyent efforcez par diuerses sortes de detractions & medisances, d'exciter la haine des habitans des villes, contre lesdits seculiers & anciens maistres, s'emparer de leurs Colleges, s'ils les ont trouuez commodes

& bien rentez, & par la substraction de leurs escoliers les reduire à tel point de necessité, qu'ils ont esté contraints (au grand dommage des bonnes lettres) ou de s'addonner à quelques autres arts & mestiers, ou dela en auant demeurer inutils, sans exercice, & à charge à leurs familles. Ie ne vous sçaurois dissimuler non plus, que les susdits Iesuites en decouurant autant qu'ils peuuent ce qui manque en la police des Colleges pour esleuer la leur si accomplie (comm' il leur semble) taisent finement les grands moyens & auantages qu'ils ont pour la tenir & rendre meilleure, (si toutesfois ils le font) qu'on ne peut dans les Colleges de Paris, supposé l'Estat auquel toutes choses se retrouuent à present dedans les Colleges des vns & des autres. Car premierement les Iesuites n'acceptent aucun College qui ne soit bien & commodément basty, fondé, doté, fourny & ameublé entierement de tout ce qui est requis, tant pour y tenir tel exercice de classes, qu'ils prometront aux habitants des villes qui les introduisent, que pour y nourrir & entretenir fort competemment le nombre des Maistres, Confesseurs, Regents, Coadjuteurs & autres personnes qu'ils y estimeront estre necessaires, où les Colleges de Paris fondez il y a trois cens ans : &

plus, n'ont esté lors de leur fondation (comme ils ne sont encor' de present pour la pluspart) sinon quelques maisons qui appartenoyent à diuers Prelats de ce Royaume, lesquels ils affecterent pieusement, & les destinerent pour vn petit nombre de paures estudians, que chacun d'eux voulut estre prins de son Diocese ou de sa Prouince, & qu'au moyen de la residence personelle que lesdits estudians seroyent de la en auant tenus faire ensemble esdictes maisons (lesquelles partāt ils nommerent Colleges) & és Chapelles d'iceux celebrer continuellement & à perpetuité les Messes, Obits, & autres Offices diuins, que plus particulierement iceux fondateurs auiserent de designer és statuts de leurs fondations, lesdits estudians perçeuroyent de semaine en semaine, quelque petite distribution pour les ayder à viure, laquelle se prendroit sur le reuenu que chacun desdits fondateurs, selon ses facultez auoit delaissé. Tellement qu'il y a toute difference entre les Colleges, que maintenant on baille aux Iesuites, & ceux qui furent au temps passé, aumosnez & delaissez aux paures estudians de l'Vniuersité. Les fondateurs de ceux cy furent de bons Prelats, qui sous le regne & authorité de nos Roys S. Louys, Philippe le Bel, Charles le Sage, &

autres leurs succeffeurs d'heureufe memoire, ayants efté efleus Canoniquement & felon les formes contenuës en nos Pragmatiques Sanctions, tirées des anciens & Saincts Conciles, aux Prelatures de ce Royaume, meuz d'vn zele digne de leurs charges, eurēt foin de dreffer quelques feminaires pour leurs Eglifes, en cet Vniuerfité lors feule en bruit par toute l'Europe. Et à cefte fin plufieurs d'entr'eux ayants acquis diuerfes places au quartier de la ville de Paris : ou font de prefent les Colleges, icelles faict baftir pour s'y retirer lors qu'ils feroyent appellez pres de nos Roys (comme il auenoit fouuent) pour leur donner confeils & auis en leurs affaires, venants à f'apperçeuoir lors de leur fejour en cefte ville, que plufieurs paures enfans Originaires de leurs Diocefes, (comme dit a efté) y abordoyent pour fe rendre capables de feruir à l'Eglife, & à leur pays par le moyen des lettres, ils fe deffaifirent volontairement, donnerent & leguerent en faueur defdits paures qu'ils appellerent bourfiers, leurs fufdictes maifons auec quelque petit fōds qu'ils y annexerēt. Or ces paures Diocefains, fans controller ou rebuter faftueufement la modicité du reuenu à eux liberalement eflargy par lefdits Prelats: ny pretendre d'eux plus que ce que leurs

Mecenas & bienfaicteurs pouuoyent leur donner, acceptèrent auec toute forte de respect, foubmission, & recognoissance, & à titres autant onereux que chaqu'vn desdits fondateurs voulut lesdictes maisons, & tout ce qui fut vny à chacune d'icelles, qui consiste communément en quelque fonds esloigné de Paris, de peu de rapport, de grand entretien coust & despence, de difficile recherche & amenagement, comme tout cela se iustiffie par les estats qu'il me seroit fort aisé de dresser des fondations particulieres de tous lesdicts Colleges. Cependant ie ne puis obmettre ce qui est sur tout confiderable en ce suject, à sçauoir qu'il ny a aucun de tous les Colleges anciens qui par le statut de sa fondation soit obligé, moins encor ait fonds assigné pour entretenir l'exercice des classes de Philosophie & d'humanité, & neantmoins il a en plusieurs d'iceux esté mis & introduict à leur grand charge. Car ces logis qu'a present nous appelons Colleges destinez comme nous auons veu, pour seruir seulement d'habitation & de retraicte aux susdicts pauures estudiants, n'ont esté sinon depuis cent ans au plus, & auec despenses extraordinaires, qui ont beaucoup diminué le fonds ancien d'iceux Colleges; appropriez à cet vsage de classes.

classes. Et d'autant que l'exercice d'icelles ne se peut maintenir aux lieux ou on l'a establi, que par vne despense incroyable, veu qu'il y est requis appointer plusieurs Regents, vn Principal, des portiers & autres officiers precisément à tel effect, les loger commodément, & que les logis & reuenus de tous les Colleges de Paris, sont desia applicables ailleurs comme dit est. Malaisement la discipline peut estre si exactement obseruee en iceux, comme les Iesuites bien rentez & gagez principalement pour cela, sont obligez de la garder entiere dans leurs Colleges. Il importe donc grandement pour la iustification de ceux qui tiennent les anciens Colleges, & pour les descharger de l'enuie qu'attirent sur eux tant de viue voix, que par liures & escrits ceux qui les desirent supplanter, & pour retenir les iugemens temeraires & precipitez, que donnent contr'eux sur vn mal entendu plusieurs personnes qui ne sont pas bien informees du faict, de sçauoir par quels moyens les Regents seculiers & les Iesuites ont esté respectiuement introduits dans leurs Colleges. Nous auons des-ja dit que les premiers hostes des Colleges de Paris, commencerent par vne grande simplicité, ceux qui leur ont succedé de temps en temps, l'ont encor

B

touſiours du depuis bien gardée. Car le peu de fonds; la rigueur & auſterité des ſtatuts, les contributions ordinaires & extraordinaires, aux grandes charges & impoſitions communes de la ville, dont les Colleges ont eſté & ſont encor' de preſent exceſſiuement greuez, l'entretien ou réedification neceſſaire des baſtimens & infinis autres accidens qui ſont ſuruenus depuis leurs fondations, les ont retenus en leur primitiue & originaire pauureté, iceux contraints de perſeuerer en la parſimonie pluſque religieuſe, à laquelle leurs fondateurs les ont obligez, ſi que parmy la diſette grande qu'ils ont ſupportée, faiſant le cours de leurs eſtudes dans le temps limité par leurs ſtatuts, pour ſe haſter de ſeruir puis apres le public en autre condition, ils n'ont eu but que de ſe rendre capables d'eſtre employez. Et Dieu à tellement beny la ſincerité de leurs intentions & trauaux, que l'on a veu de ſiecle en ſiecle, ſortir de ces pauures hoſpitaux, des hommes excellents en pieté & doctrine, en nombre infiny, & dont les œuures ſuruiuront la durée des aages, & ſurmonteront l'enuie de leurs calomniateurs.

Au reſte la modeſtie des nourriſſons de ces Colleges de Paris, ainſi auancez aux lettres que i'ay dict par l'aſſiduité de leurs veilles & trauaux à bien paru, en ce qu'ils ne se font jamas ingerez de hanter les Cours des Roys, & des Princes, sinon lors qu'ils y ont esté appellez par leurs merites, & approchez des grands, n'ont conniué moins fomenté leurs vices, pour se maintenir plus artificieusement pres d'eux ; ny ne leur ont faict reçeuoir de sinistres impressions, imposant aux compagnies Ecclesiastiques, seculieres ou regulieres, plusieurs crimes où desordres, pour (en cas de deprauation vraye, & non controuuée,) attirer leurs biens. Ces bons Docteurs esleuez en l'air espuré d'enuie de cet' Vniuersité, ne pretendirent onc de transmettre les terres & possessions des autres communautez de ce Royaume, notées de quelque dereglement, aux pauures Colleges seminaires communs de l'Eglise, qui les auoyent secourus, & soulagez en faisant le cours de leurs estudes, pour les enrichir & accroistre sous pretexte de plus grande gloire de Dieu, mais s'abstenants conscientieusement de conuoiter l'autruy, & sans pratiquer finement aucune transformation des maisons de Religion, en autre vsage que celuy de leurs fondations ; ils ont tousiours de bonne foy contribué à la sincere reformation des compagnies, qui s'estoyent licentiées de leur premier institut, & ont aydé de

B ij

leur pouuoir à les remettre en leur ancienne discipline, ainsi qu'à les conseruer en leurs facultez, & moyens en cas de decheance. Pierre d'Ailly, qui de petit Boursier du College de Nauarre, vint par degrez à en obtenir la Maistrise, & de la par apres fut esleu Euesque de Cambray, & faict Cardinal sous Iean XXIII Gilles des Champs, qui de petit Boursier du College de Harcourt, fut semblablement choisi pour Confesseur du Roy Charles VI. faict Euesque de Coustances, & pareillement Cardinal de mesme creation, sous le susdict Iean XXIII. auec infinis autres, sortis des susdits seminaires, qui ont esté rares ornemens & lumieres de nostre Eglise de France, ne pretendirent iamais employer leur credit pouuoir & authorité, qui estoyent grands en leurs temps vers les Roys, ainsi qu'en Court de Rome, pour au dommage d'autruy augmēter leurs Colleges, n'y ne rechercherent onc de faire vnir des Abbayes, & Prieurez Conuentuels, obtenir à telle fin permission de suprimer les Religieux fondez en iceux, & d'esteindre les offices diuins, hospitalitez, & aumosnes que de tout temps l'on y auoit exercé, dont aussi est aduenu que lesdicts Colleges sont demeurez en la mesme necessité, & encor' plus grande que celle en laquelle ils furent fondez, parce que leurs biens n'ont point creu, leurs charges & sujections sont augmentees, & tout est enchery depuis, si qu'ils ne subsistent en leurs miseres que par la seule grace & prouidence de Dieu.

Les Iesuites au contraire, combien qu'ils recherchent auec passion de multiplier leurs Colleges, & les prouigner en toutes les bonnes villes qu'ils peuuent, ont neantmoins tant d'heur en telles poursuites, que leur establissement se faict sans qu'ils semblent y contribuer en rien. Car tout cela se conduit par l'entremise, & souuent par la violence de quelques confidens puissans qu'ils se feront gagnez dans les villes, lesquels se portans comme deputez de telle ou telle communauté, viendront par vne solemnelle legation, trouuer le Prouincial, & autres chefs de ladicte Compagnie, en certain rendez-vous qui leur aura esté donné : Là ces deputez supplieront leurs Reuerences, auec toute sorte de soubmissions, d'auoir agreable vn College qu'ils destinent à leur Compagnie en telle ou telle part. Leurs Reuerences, oüye, ceste legation se rendront quelque temps difficiles à telle demande, il faudra faire vers elles nouuelles & iterees deputations, auant qu'on les puisse combler

B iij

d'acceder seulemēt le lieu. Ceste froideur accroist la ferueur des postulants; l'on n'obmet aucun genre de respect, de compliments, festins, dons & presens pour obtenir le consentement tant requis & desiré. L'on fera la Topographie de la place qui leur est offerte, à ce qu'il apparoisse qu'elle est au plus bel endroit de la ville, au meilleur air, le plus doux & temperé, l'on dressera le plan & situation des bastiments auec toute sorte de curiosité, l'ordre qui doit estre gardé pour les edifier, la qualité des estoffes & materiaux dont on les doit construire; afin de les approprier mieux aux vsages conuenables, le reuenu qui y sera joint, doit estre grand, bien amorty, de rapport & en valeur, proche de la ville où le College est situé, exempt de procez, & de toutes les autres incommoditez que ressentent les Colleges, & communautez anciennes, qui n'ont eu telle preuoyance que ceste-cy, laquelle, comme il aura esté satisfait entierement aux memoires, instructions, & stipulations, de leurs Reuerences, & le tout bien reconu par elles, lors la Compagnie s'y vient habituer. Mais à l'entrée, comme en toutes les autres procedures, il s'y apporte encor bien de la façon: car ces hostes nouueaux à leur arriuée parleront magnifiquement de plusieurs Colleges qu'on leur a baillez çà & l'a en d'autres villes, ce qui ne se fera point sans raualler & d'esestimer le lieu qu'on leur a preparé, & pour lequel habiter ils sont venus, combien que l'on ait (ainsi qu'il auient souuent) d'iceluy violemment dejetté ou congedié de gré à gré, quelque autre compagnie qui s'y trouuoit bien & s'en contentoit. Les pauures habitans parmy les nouuelles despences qu'ils auront faictes pour l'erection de ce College, sont contraints lors de recourir aux excuses de leur petit appareil, & taschent par bon traictement & bonnes paroles d'amoindrir le mescontentement imaginaire de cette compagnie, qui s'establit neantmoins sur les protestations que leur font les postulants, de les pouruoir mieux à succession de temps: dont il resulte puis apres que les Iesuites demeurent tousiours de la en auant habiles à se plaindre pour leur auoir manqué ou defailly quelque chose à leur apetit, lors de leur installation, & ainsi nobmettent de rendre selon les occasions, leur condition meilleure; & les habitans par la recognoissance volontaire qu'on tire d'eux, de n'auoir point assez bien accommodé lesdits Iesuites à leur auenement, semblent desormais encor engagez à leur procurer toutes fortes d'accroifements. Or jugez maintenant les grands auantages : qu'ont les Iefuites par deffus les Regents des Colleges de Paris, quant à ce premier chef qui eft de la forme qu'on a tenuë, d'eftablir l'exercice és Colleges des vns & des autres, par ce que je vous en veux fidellement reprefenter. Ceux des Iefuites font baftis ou du moins (fuppofé que les maifons en ayent efté recouuertes ja bafties) ils font à la diligence des villes requerantes, appropriez à vfage de Claffes, les logis dés leur inftallation, affectez aux Maiftres & Regents, y faifant l'exercice, le reuenu tout precifément affigné pour leur entretien viure & nourriture, & des autres officiers du College, on ne refufe aux Peres fureté quelconque qu'ils puiffent demander pour bien affermir leur eftabliffement, le conferuer & l'accroiftre. Apres tout cela neantmoins les Peres publient encor' l'obligation, que leur a tout le païs, d'auoir voulu accepter ce College, qui auec grand' inftance leur a efté prefenté. Or il n'en eft pas ainfi de nos pauures Colleges de Paris, aufquels apres coup l'on a mis l'exercice ainfi que nous alons voir. Car ayants efté petitement fondez: comme ja nous auons dict, & deftinez feulement pour loger de pauures Bourfiers, ce leur eft

V B

vn œuure de supererogation, & vn effort grand au dessus de leurs moyens & facultez, que d'entretenir le susdict exercice des classes d'Humanité, & Philosophie, veu qu'ils n'ont obligation aucune de ce faire, & moins encor fonds ny logis assigné à tel effect, pour-ce que les Prelats & Seigneurs qui fonderent lesdits Colleges, reglants leurs fondations, & les accomodans à l'vsage commun de leur temps, n'introduisirent en chacun d'iceux Colleges, sinon des estudians en Logique, Phisique, & Metaphisique, dont estoit dressée l'vne des communautez de leans, & en Theologie, Decret, Medecine & Mathematiques, qui en composoyent encor' vne autre, puis de quelques Chappelains en aucuns Colleges, dont en estoit formée vne troisiéme. Du surplus l'on n'enseignoit la Gramaire par l'Vniuersité en aucun lieu public, classe, ny College, come il se faict maintenāt, mais bien en quelques maisons priuées, & particulieres, ou l'on l'a mostroit d'vne façon fort simple, sans se trauailler à la recherche de l'Elegance, & du bien parler, ains seulement à acquerir vne congruité vulgaire, basse & rude, & quant aux estudians en Philosophie, ils alloyent oüyr les leçons qui se faisoyent aux Escoles des quatre Natiós situées en la ruë du Foarre,

C

se retirans puis apres chacũ d'eux aux Colleges: dõt ils estoyent Boursiers, les Principaux & superieurs desquels chacũ pour sõ regard, & conformément aux articles par eux jurez lors de leurs institutions en telles charges, auoient soin de les faire repeter leurs leçons recüeillies ou receuës és susdites Escolles publiques, les faire viure en commun, & les former & regler entierement és meurs pendant leur temps d'estude, apres lequel expiré,& ces estudians sortis,lesdits Principaux continuoyent le mesme soin vers les autres nouueaux succedans à ces premiers, qui leur estoyent addressez, ainsi qu'il se faict encor à present, par les patrons: ausquels tel droict appartient. Le mesme s'est tousiours pratiqué pour le regard des estudiants en Theologie, Decret, Medecine, & Mathematiques, chacun desquels est reglé par statut propre, de ce qu'il est tenu faire.

Or comme en toutes ces fondations anciennes des Colleges de Paris, il n'y ait rien destiné aux Professeurs n'y estudiants en Grammaire, & qu'elles requierent, neantmoins que ceux qui seront receus aux Bourses desdits Colleges *sint habiles & Idonei ad audiendum, vel legendum in vico straminum Logicam, vel Philosophiam Naturalem*, dict vn statut. Et vn autre contient ces mots.

Nullus recipiatur nisi sufficienter fuerit in Grammaticalibus eruditus, & in summulis, & paruis Logicalibus initiatus, adeò quod ad vicum straminis eundum, & ad audiendum libros sufficienter sit doctus, Il est aisé d'en inferer que les fondateurs supposoyent que ceste grande & incroyable multitude d'estudiants qui se rendoit icy de toutes parts en telle affluence, que ce que nous en ont laissé par escrit les escriuains de ce temps-là, nous cause aujourd'huy de l'estonnement, y venoit ja toute formée & instruite en la Grammaire & congruité, pour l'auoir chacun de ces estudiants aprise és Escoles de sa paroisse, ville ou Diocese, estant bien aduertis que nul n'estoit capable d'auoir Bourse és Colleges de Paris, qui ne fust digne d'entendre les leçons de Philosophie, Theologie, Medecine, & autres facultez superieures, & se promouuoir en l'vne d'icelles à suitte de temps, ainsi que de present nous voyons qu'il se faict encor. Et n'y a doute qu'en ce temps là, le nombre de ceux qui s'adonnoyent à l'estude, autres que de ceux qui aspiroyent aux charges Ecclesiastiques ne fust petit. Car la Noblesse qui rendoit la iustice gratuitement, sommairement, & sans les longueurs & formalitez que l'on y a introduites depuis, ne s'estudioit qu'à sçauoir bien faire la guerre, sous le commandement authorité & conduite de nos Roys, aux occasions qui en pouuoyent naistre, & en temps de paix sçauoir chacun les vsages & coustumes, de la Preuosté, Seneschaussée, Bailliage ou Prouince, à laquelle il estoit preposé, cognoistre les Reglements & Ordonnances des Roys, & selon icelles juger & decider les differens, qui suruenoyent entre les sujets du Roy par des expedients d'equité qui fussent conformes aux susdictes Loix, Coustumes, Ordonnances, & Establissements, renuoyants l'outre plus de la literature, aux Ecclesiastiques seculiers ou reguliers, ausquels ils deferoyent fort pieusement, tout l'honneur des lettres, & pourtant ce qu'ils fonderent à Paris quelques Colleges, ne fut que pour faire instruire en iceux quelque nombre de pauures enfans, qui par apres fussent promeus aux Saints Ordres, comme cela se justiffie de tous les statuts de fondation de chacun d'iceux Colleges. Cependant l'on auoit en ce temps-là, si peu de soin de l'Elegance du parler tant Latin que vulgaire qu'il suffisoit aux estudiants d'auoir esté imbus des petits, & simples preceptes de Grammaire tirez d'vn Donat, Alexander de villa Dei, ou autres semblables autheurs, desquels ils se contentoyent sans s'arrester d'auantage en la lecture des anciens, desquels ils eufsét peu aprēdre la pureté de la langue Latine, ainſi que de la Grecque. Dont aduint que la negligence qu'apporterent les eſtudians à former leurs ſtiles ſur les bons autheurs, cauſa vne telle barbarie en ceſte Vniuerſité, qu'ē fin les plus courageux ſupoſts d'icelle regrettant le dechet des bonnes lettres, & le lóng exil & banniſſement qu'elles auoyent ſouffert en l'Europe, depuis la diſſipation de l'Empire Romain (pour auoir icelles eſté meſpriſées des Nations eſtrangeres qui occuperent auec l'effroy de tout le monde, les Prouinces ſujettes au ſuſdict Empire) penſerent de trouuer quelque moyen conuenable pour deffricher, & amēder la rudeſſe de noſtre langage Latin, ſi groſſier & impoly qu'il en eſtoit du tout ridicule, à quoy ils furent encor excitez, par vne emulation & loüable jalouſie, qu'ils conceurent de ce qu'ils auoyent eſté preuenus en ce deſſein, d'Ambroiſe de Camaldole, Nicolas Perot, Filelfe, Trapezonce Beſſarion, Ficin, Beroalde, Ange, Politian, & infinis autres grands perſonnages, que la liberalité des Papes Eugene IV. Nicolas V. & ſur tous la grande munificence de Coſme de Medicis, & de ceux de ſon Illuſtre famille, auoit eſmeus de r'apeller en Italie, & faire re-

C iij

naistre les bonnes lettres. Car l'opposition &
conference des escrits de tels hommes, auec
la barbarie des nostres firent à nos academiques viuement ressentir la honte que ce
leur seroit d'estre desormais surmontez par
d'autres en chose si glorieuse, comme
est le dessein d'orner où d'embellir les lettres & sciences, dont ils auoyent de tout
temps emporté le dessus. Et parce que dedans leurs Colleges, rien n'auoit esté assigné
pour les instituteurs de la jeunesse en Grammaire, & lettres Humaines, non plus que
pour les estudiants en icelles, comme si les
fondateurs eussent eu cela du tout en non-
chaloir, nos susdits deuanciers, plus munis
de zele & d'affectiō qu'ils n'estoyent assistez
de l'ayde ou bienfaicts d'aucunes personnes
pour leur nouuelle entreprise, faisāt de necessité vertu, sās dōner charge à aucune persōne
ny mēdier çà & là des subuentiōs extraordinaires pour paruenir à leur intention, d'vne
resolution digne d'eux entrerent aux despenses qu'il conuenoit faire pour l'execution de ce qu'ils auoyent proiecté, & se
reduisans au petit pied dedans leurs Colleges, destinerent les plus beaux & cōmodes
lieux qui y fussent, pour en faire des classes,
& prez d'icelles construire, & pratiquer les
logis necessaires pour les Regents. Ce

qu'ayant faict, ils donnerent à l'inſtant aux ſuſdits Regens, leurs departemens pour enſeigner publiquement en icelles Claſſes la Grāmaire, & les lettres Humaines, expliquer en chacune d'icelles ſelon la diuerſe capacité des Auditeurs, tous les bons autheurs Claſſiques, Grecs & Latins, Poëtes & Orateurs, deſquels on auoit par pluſieurs ſiecles du tout intermis la lecture: Deſſein qui eut deſlors vn ſi bon ſuccez, que cela ayant eſté biē reconeu par les plus grands hommes de France, & les mieux qualifiez, qui retenoyent auparauant pres d'eux & domeſtiquement leurs enfans, les faiſant inſtruire par Pedagogues priuez qu'ils auoyent en leurs maiſons, ſans les loger dans les Colleges qui ne ſeruoyent encor' de retraicte ſinon ſeulement aux pauures. Ces excellents perſonnages auancez aux plus eminentes charges de cet Eſtat, preuoyans bien le fruict qui prouiendroit de ceſte nouuelle forme d'enſeigner, que l'on commençoit à pratiquer dans les Colleges, firent lors inſtance aux Chefs d'iceux Colleges, de receuoir leurs enfans chez eux, les prendre en penſion, & faire inſtruire par leurs Regens; afin que deſormais ſans aucun diuertiſſement, ceſte jeuneſſe fuſt tenuë en plus de deuoir au moyen de l'ordre, police, diſcipline, & closture que l'on establit dans lesdits Colleges en leur consideration, comme aussi cet vsage est propre, qui retranche aux enfans tout pretexte de diuaguer, ainsi qu'ils peuuent faire, sous couleur de se retirer apres les leçons aux maisons de leurs parens en ville, ceux qui sont de Paris : ou bien de se loger ça & la parmy des artisans, & és chambres garnies, ceux qui viennent de dehors : & ainsi les vns & les autres sont reduits sous mesme couuert, occupez à mesmes exercices, & reglez vniformement par la direction, & conduite tant d'vn Principal, que des Regents & Pedagogues, qui pour telle fin se logent en ces lieux-là.

Or comme il ne se fist aucune fondation nouuelle de maisons ou Escoles en l'Vniuersité lors de ce changement, & que l'on se contenta des vieilles desia treuuees basties, sinon qu'on les accommoda à cet vsage de classes inconeu auparauāt, lequel depuis l'on a retenu, ainsi nul ne pensa qu'il fust besoin d'assigner viures, gages, ny salaires aux Regés qui cōmencerent d'enseigner en icelles, pource qu'en vn moment lesdicts Colleges furent tellement remplis de pensionnaires riches & aisez que l'on y amena de toutes les bonnes villes & Prouinces du Royaume, & qui recognoissoient liberalement leurs maistres

ſtres & Regents que les Principaux oû auꝫ
tres chefs des maiſons d'exercice, n'eurent
point de difficulté de recouurer des hommes doctes & diligents, pour prepoſer à
leurs nouuelles claſſes: Car il ſ'y en preſenta
grand & competent nombre, ſur l'aſſeuran-
ce qu'ils eurent (voyants les Colleges remplis d'enfans) d'eſtre à l'aduenir bien reco-
nus & ſalariez de leurs trauaux, & ne pouuoir manquer de toutes leurs commoditez
s'employās en tel exercice. Il faut auſſi noter
que les Bourſiers, Chappelains & autres
nourriſſons des Colleges ou l'exercice des
claſſes fut introduict, reſſentans le bien honneur & profit qui leur vint, de ce qu'au
moyen de tel eſtabliſſement nouueau de
claſſes, ils eurent pour hoſtes pluſieurs enfans de toutes les meilleures familles de
France, repartis en chacune de leurs chambres, en conſideration deſquels les parens
d'iceux enfans les prenans en affection commencerent de leur ſubuenir, pour les aider
à viure plus ciuilemēt qu'auparauāt ils ne fai-
ſoient à cauſe de leur pauureté, & ainſi de là
en auāt tous ces pauures Bourſiers anciēs hoſtes des Colleges receurent auec ces petis ſur-
uenās leurs nouueaux hoſtes, vne inſtitution
meilleure ſi que s'eſtans aquis parmy ceſte
cōpagnie, vn ſçauoir plus poly, & vne cōuer-

D

fatiō plus honneste, ils quiterent ceste barbarie de langage tant latin que vulgaire, qui auoit duré si long temps en l'Vniuersité: Cela fist que tous ces pauures gens de College, en faueur desquels auoient esté faictes les fondations plus volontiers se laisserent porter à cet exercice inacoustumé à cause que l'incommodité qu'ils en receuoient pour l'occupation de la meilleure partie de leur logis seruant aux classes & domiciles des Regens, estoit compensee par les autres aduantages qu'ils receuoient de leurs petis hostes & disciples. Or Comme l'ordre susdict a esté exactement gardé dans les Colleges de ceste Vniuersité, esquels l'on a enseigné la Grammaire & les lettres humaines l'espace de quatre vingts ou cent ans, & iusques au temps que suiuant ce qui fut arresté aux Estats d'Orleans, nous auons veu bastir & fonder de nouueau par toutes les villes de France, plusieurs beaux Colleges & iceux bien renter non pas pour quelque petit nombre de pauures Boursiers Artistes & Theologiens, qui ne peussent auoir que dix ou douze francs par an en patrimoine ou benefice, pour estre capables d'y entrer comme il se fist pour nos Colleges de Paris, il y a deux & trois cens ans, sans aucun fonds pour le viure & entretien de ceux qui enfeigneroient tels pauures estudians en iceux Colleges : mais ces Colleges nouueaux ont esté expressément bastis pour y establir & introduire Principaux & Regens ou Professeurs en Grammaire & lettres humaines, à l'entretien gages & appointement desquels l'on y a fort prudemment & selon la chere condition du temps affecté de bons reuenus, qui a faict que ces Colleges bien dotez, pouuans supporter & faire la despense requise pour l'entretien d'vne exacte discipline, n'ont pas failly de d'estourner les habitans des susdictes villes, de plus enuoyer comme ils faisoient auparauant leurs enfans aux Colleges de Paris, ny les tenir si loin d'eux a grands frais, veu qu'ils les pouoient faire instruire aussi commodément sur les lieux : dont est aduenu le declin & misere des Colleges de Paris, qui se sont treuuez reduits en leur premier estat, pauure & necessiteux pour leur auoir defailly tout à coup, cet affluence d'enfans riches & moynnez venans de toutes pars, qui les auoit sleuez au dessus de leur anciēne & primitiue misere. Et neantmoins comme ceux qui ont atteint quelque degré d'honneur & de preeminence, taschent de se le conseruer, & que ces pauures Colleges d'exercice se soient autresfois aquis nom & reputation par les

D ij

Professeurs celebres qu'ils ont employé, desquels le Casuel valoit plus lors de la susdicte affluence d'enfans, que ne font auiourd'huy le viure, entretien, & gages asseurez que l'on donne comme l'on peut à quelques Lecteurs & Professeurs que ce soit, cela est grief aux Maistres Principaux & habituez des Colleges ou l'on a maintenu l'exercice, & chose à laquelle ils ne se peuuent resoudre, que de quitter leurs classes les clorre & abandonner pour peu qu'elles leur rapportent. Et de la vient qu'ainsi opiniastrément, & auec leur euidente ruine ils s'efforcent encor' de retenir quelques Professeurs & Regens, qui au trauers de la misere & necessité dont les gens de lettres restans en l'Vniuersité sont accablez, continuent neantmoins l'exercice, & ne se degoustans point de la solitude qui est és auditoires, ou classes de leurs Colleges, esquels ne demeurent plus sinon ceux qui par leur indigêce sont hors d'enuie & a couuert des menees artifices & pratiques dont l'on se sert d'an en an, pour leur enleuer les enfans riches s'il s'y en rencontre encor quelques vns, & les transporter ailleurs, patientent & temporisent iusques a endurer souuent bien de la disette: Et ne peut autrement, d'autant que ces gens ne treuuent plus qui ait moyen de leur aider & subuenir comme auparauant, à cause que les enfans riches & aisez leur ont esté & sont continuellement soustraicts. Pour donc bien reconoistre, & par apres iuger sainement des causes du dechet de l'ordre qui estoit gardé és Colleges de l'Vniuersité auant l'erection de tant de nouueaux Colleges bien fondez & rentez par les villes depuis les Estats d'Orleans, il conuient noter ce que i'ay dit de la maniere comme l'exercice de Grammaire & lettres Humaines fut introduit és Colleges & antiennes maisons, sans qu'il y fut faict aucun accroissemēt de reuenu ny nouuelle annexe de biens, afin de satisfaire à ceste nouuelle charge, & c'est sans doute que cette institution de tant de Colleges par les villes a bien acheminé l'Vniuersité à son declin: Mais elle est bien plus ruinee quand de iour en iour par l'impression violente des plus factieux habitans de chacune ville, l'on oste ces mesmes Colleges qui furent au commencement baillez aux Regens seculiers, lesquels du depuis y ont tousiours faict l'exercice, pour les transferer aux Iesuites & les introduire dedans à l'exclusion de leurs premiers depositaires. Car c'est enquoy nos François tousiours semblables à eux mesmes, se conduisent auec bien de l'impruden-

D iij

ce & de la legereté: Premierement pour ce qu'en la d'espense que les susdicts habitans feirent pour bastir, & en l'assignation du fonds qu'ils affecterent pour doter annuellement chacun desdicts Colleges tost apres ou à la sortie des Estas d'Orleans, ils s'y gouuernerent auec la plus grande moderation & espargne qu'il leur fut possible. Les édifices d'iceux Colleges ne furent de parade, magnifiques ny pompeux, le reuenu qui leur fut assigné petit & non excessif, ces pauures nourrissons d'Vniuersité qui furent éuoquez de Paris, pour s'y aller employer se passerent a peu, & tous accoustumez aux peines & incommoditez que l'on souffre dãs nos Colleges gardoyent en ceux-là, la mesme regle austerité & police qu'icy: Mais est il question de substituer les Iesuites en leur place, tout ce qui auparauant auoit esté faict pour ceuxlà ne vient nullement en consideration, il faut tout de nouueau engager ces habitans à faire beaucoup plus & entrer en nouuelle d'espense. C'est qu'il faut auoir des Palais & maisons biẽ basties amples & spatieuses bien meublees & garnies de tout ce qui leur faict besoin, soit pour leurs Eglises ou Chapelles, pour leurs Bibliotheques, chambres salles cuisines, du reuenu à proportion, tellement que si vn College de ville au temps qu'il estoit possedé par les seculiers auoit cinq ou six cens liures de rente, & neantmoins entretenoit quatre & cinq classes auec pareil nombre de Regens: venant le mesme College à changer de nature, il luy faut cinq ou six mille liures de rente, & au bout les enfans ne sont pas mieux instruicts sous ceux-cy qu'ils estoient sous ceux-là, quelque gloire & loüange que ces gens-là s'efforcent de se donner à toutes rencontres de mieux faire que les autres.

Secondement les inconueniens qui naissent de ce changement sont irremediables, car les habitans des villes, quand ils font telle transformation, baillans leurs Colleges aux Iesuites ne considerent pas, qu'apres ce coup faict, il ne leur reste plus aucune faculté de regrés pour pouuoir sous quelque pretexte que ce soit r'entrer au droict qu'ils auoyent auparauant d'elire, choisir & instituer en leurs Maisons de Ville, par communs suffrages, & auec telle limitation de temps qu'ils auisoient pour les mieux personnes conuës, desquelles ils sçauoyent par experience la probité, capacité, les qualitez & les demeures, n'y ne se representent pas qu'en la promotion ausdictes charges de College, quãd cela depend d'eux il y a lieu de gratiffication & preference pour ceux du païs, lefquels il eft à prefumer qu'ils feront toufiours plus affectionnez à s'employer fidellement à l'endroict de leurs voifins & côpatriotes, plus retenus pour ne rié innouer n'y entreprêdre, fur l'Eftat & police de la Ville ou Prouince, & côtre lefquels en cas de dereglement, lefdits habitans font toufiours entiers de faire proceder par les ordinaires des lieux tant Ecclefiaftiques que Politiques, foit en les depofant de leurs charges, ou autrement leur impofant peine conforme à la qualité du delict. Item ceux des villes, qui ont plus ou moins contribué à l'erection des nouueaux Colleges, donnans maifons heritages ou rentes, s'il aduiét qu'ils ayent ftipulé quelques fuffrages, Obits ou feruices, chacun felon fa deuotion. Cela fans contredit s'entretient exactement par les feculiers, lefquels en cas d'omiffion, ne peuuent recourir pour fe difpenfer de telles fujetions à des exemptions, immunitez, fulminations de cenfures & autres femblables cautelles, d'ont f'aydent ceux qui veulent empefcher le cours des reformations requifes en tous defordres, ains fans aucun fubterfuge, font contrains d'obeir aux Ordinaires, defquels ils reconoiffent tenir leurs eftabliffemens. Au contraire quand vous auez mis les Iefuites dans vos

Colleges,

Colleges, vous voila exclus de toutes vos prerogatiues : decheuz de toutes vos pretentions tant en corps de ville qu'en priué, il est desormais en la libre disposition du Prouincial de vous bailler & Recteur, & Prefect, Confesseurs, Regens & tous autres Officiers tels qu'il auisera, desquels vous ne sçauez les inclinations, naissance, origine, Capacité n'y erudition, & quelque façon d'enseigner qu'ils tiennent, vous n'estes plus oüys n'y receus à les vouloir controller. Il faut auoir patience. Car le gouuernement des chefs de ceste compagnie, est si absolu qu'il n'y à juges Ecclesiastiques, n'y Ciuils qui osassent attenter de cognoistre de chose quelconque qui en depende, si bien reuestu, estayé & couuert de prohibitions, interdictions & deffences, qu'il n'est loisible à personne. *Cuiuscunque status gradus & præeminentiæ existat, & quouis quæsito colore,* de le penetrer n'y sonder en gros n'y en detail, moins de modiffier sur tout, ou partie de ce qui est contenu és regles & articles de cet institut, de la totalité duquel Nauarrus, a bien peu dire, ainsi qu'il a faict d'vne parcelle d'iceluy, *quod est quiddam nouissimum admirabile concessum prædictæ Societati.* Car aussi n'appartient il qu'à cet ordre priuatiuement à tous autres de tenir leurs desseings clos & couuerts, & les tenir inscrutables & impenetrables. Et je ne sçay si ceste sage & venerable Republique de Venise, conoissant bien comme l'infirmité humaine, qui nous porte souuent à la recherche de ce qui nous est interdict, & preuenant la curiosité de ses sujets, qui eussent peu encourir les censures en voulant s'enquerir & conoistre du susdict institut, à point eu cela pour motif de l'exclusion de cette compagnie hors des terres de son obeyssance, veu que des choses qui n'apparoissent plus, on ne s'en enquiert pas beaucoup. Quelque dereglement donc qu'il y puisse auoir en vn College de Iesuites (comme il n'est point d'homme qui ne faille) si n'appartient-il à aucun de s'ingerer d'en conoistre fors au Prouincial, & de la au Reuerendissime P. General, tousiours residant à Rome, & par ainsi ne voyant, ny ne croyant ce qui se passe ailleurs qu'à la sugestion de ses plus confidens qui sont sur les lieux, & par auenture eux mesmes autheurs du desordre. Or cherchez vn remede à cela vous qui leur procurez des Colleges auec tant d'instance, que selon leur instruction vous osez effrontément calomnier la religió & pieté de ceux, qui comme vrays François, ne veulent souscrire à rien de factieux, & n'approuuent les voyes de venir que pratique ceste nouuelle cõpagnie, pour s'establir par tout, & se mesler de tout faire. Quant à l'outre-plus, s'il aduient qu'vn Principal seculier manque d'auoir de bons Regens, les Ordinaires des lieux, tant Ecclesiastiques que laiz, le peuuent librement presser d'en recouurer de meilleurs, il apprehende & craint la reproche de ceux desquels il tient son apointement. Aux Iesuites il s'est obserué, & encor chacun iour se peut remarquer, que la premiere & seconde année de leur establissement en vn College nouueau, ils y euoquent & font venir les meilleurs Regens qu'ils ayent en d'autres Colleges desia bien aquis & asseurez à leur Compagnie, pour donner à c'estuy-cy de nouuelle creation nom & bruict, mais d'autant qu'ils buttent tousiours à s'accroistre par vsurpatiõ de nouueaux Colleges, ceux-cy seront incontinent tirez de la, pour auoir derechef leur departement en d'autres de plus nouuelle cõqueste, & auons veu que de la en auant, ils ne pouruoyoiẽt plus aux anciens Colleges qu'en declinant. Qu'ainsi soit quand ils commencerent l'exercice au College de Clermont, ils y mirent concurremment Maldonat, & Mariana, des plus celebres d'entre eux lesquels ayans reuoquez pour les transmettre

E ij

en autres Colleges nouueaux, ils y firent venir en leur place Tyrius & son Collegue inferieurs aux deux precedens, consequemment apres ceux-cy d'autres encor moindres, jusques au temps qu'ils sortirent de Paris, auquel il se reconut, qu'en leurdit College n'estoyent Professeurs, sinon personnes de fort commune erudition. Le mesme ont-ils pratiqué depuis leur retour en France, és Colleges de la Fleche, Roüen, Renes, Caen, & autres lieux ou ils en ont recouuert de nouueaux, en chacun desquels apres leur premier effort, ils ont tousiours diminué quant à la capacité de leurs Regents, & en fin sont contraints, tant pour le grand nombre de Colleges qu'ils embrassent, ausquels il ne leur est pas possible d'auoir par tout des hommes accoplis, qu'aussi pour ce qu'ils ont bien ceste croyance & persuasion, que nul n'entreprendra d'vser sur eux de coërtion, d'employer & se seruir pour faire leurs classes de quelques jeunes hommes, autant & plus inexperimentez en la charge qu'ils exercent, que pas vn de nos Pedagogues & Regens. Item les seculiers, quelque part qu'ils soyent dans les Colleges estans en petite trouppe, ne pensent à rien qu'à l'exercice de leurs charges scolastiques, sans s'ingerer d'entrer és assemblées publiques des Villes, n'y s'informer de l'Estat, des affaires communes. Les Iesuites ne sont pas ainsi: car comme ils sont par tout en bon nombre dedans les Villes où ils ont des Colleges, ils trouuent tous où se bien employer, qui faict que si les vns vaquent aux classes, les autres aux compliments qu'ils estiment necessaires pour la coseruation de leurs credits aux maisons des Chefs & principaux des Villes, au moyen dequoy on les rencontre perpetuellement par les ruës: il y en aura d'autres (& ceux-cy seront des plus accorts) qui sans estre mandez, conuoquez n'y appellez, se presenteront (ainsi qu'ils ont faict à Renes, Roüen, & ailleurs sans effect neantmoins) pour assister aux deliberations de Ville se voulant faire de feste, ainsi que les Chapitres des Eglises Cathedrales, & conoistre comme signalez membres de la Cité, de ce qui s'y passe à telle fin que de raison. Finablement les seculiers entretiennent les fondations faictes en leurs Colleges, tant onereuses qu'elles soyent. Les Iesuites si pour s'establir ils accordent quelque chose, ils n'en escriront rien, & se faut fier en leur parole, s'il auiet que quelque Recteur, Prouincial ou autre se disant superieur, & voulant contenter les requerans, se relasche à en escrire quelque chose, il sera au plustot

E iij

reuoqué de sa charge, & translaté ailleurs, pour substituer en son lieu, vn autre qui sursoirra prudemment l'execution de la chose accordée par son predecesseur, & se faisant instruire tout de nouueau, alleguera maintes defectuositez contre la procedure de son deuancier, qu'il n'auoit pouuoir suffisant, que cela est contre leur institut, que cela n'est approuué du Prouincial, ou s'il a esté faict par le Prouincial, on alleguera que ny le Prouincial n'y l'assemblée Prouinciale, n'ont peu obliger sans la ratification du General, & infinies autres nullitez, dont ils eluderont les pretentions de ceux qui voudront requerir l'execution de leurs conuentions. Et si les biens annexez & vnis à leurs Colleges, sont par leur fondation primitiue, sujets à quelques Offices diuins, seruice Canonial, ou Conuentuel, Obits, hospitalitez ou autres redeuances, ils ne manqueront pas sur les enoncez qu'ils feront à Rome à leur auantage de se faire descharger par Bulles, Rescrits, & lettres expediées en bonne forme de telles seruitudes, ou du moins (pour le premier coup) les commuer en autres œuures pies, qui par apres se reduiront aux exercices ordinaires & communs de la Cōpagnie, & ainsi les intentions des anciens fondateurs seront frustrées & leurs fondations esteintes & supprimées.

Mais il me faut venir apres toutes ces considerations à l'interest que ressent ce pauure reste d'Vniuersité, & en icelle la Chrestienté auec les bonnes lettres, en l'ensaisinemét qui se faict ainsi par tout aux Iesuites de tant de Colleges, qu'en-fin il n'y aura plus qu'eux qui enseignent. Pour mieux le comprendre faut noter, que l'erection qui se fist de plusieurs Colleges és Villes de France, apres les Estats d'Orleans, ainsi que i'ay predit, nous fut à la verité bien prejudiciable, veu qu'elle donna sujet de reuoquer plusieurs enfans sur les lieux, & y en retenir d'autres qui autrement eussent esté enuoyez à Paris, neantmoins elle accommodoit en quelque façon les nourrissons de l'Vniuersité. Et voicy comment. Il est tout vray, que ceux qui estudient pour enseigner puis apres, & qui s'arrestans en ladicte Vniuersité en font les membres principaux, comme sont les chefs des Colleges, des Nations, & des facultez, ne sont pas personnes communément, qui ayent bien grande fortune de leur estoc & origine, car les enfans riches & de maison, qui par cy deuant sont venus, ou viennent encor de present estudier à Paris, n'ont pas plustot faict leurs Cours d'estudes dedans nos classes, & iusques à la Philofophie inclufiuement, qu'à l'inftant & fouuentesfois mefmes (fort mal à propos toutesfois) au fortir d'vne premiere, ou n'ayant qu'vn bien peu esbauché la Logique, leurs parens les retirent pour les enuoyer en toute precipitation, courir par les Vniuerfitez de Droict, s'ils les deftinent au barreau, ou les engagent à fuiure la Court, ou bien à l'eftude de Theologie, de Decret, ou de Medecine, fi bien qu'il y a peu ou point de perfonnes moyennées, qui apres leurs eftudes faictes f'arreftent ou f'employent à la Regence, & Pedagogie. Ceux donc qui s'occupent en cet exercice, vous trouuerez que ce font ordinairement de pauures enfans qui auront efté Bourfiers, ou feruiteurs en quelque College, & neantmoins parmy les incommoditez de leur condition fe ferōt acquis de la capacité par leurs veilles & trauaux. Or comme ce foit chofe repugnante à l'honneur des lettres, que ceux qui en font ornez mendient pour n'auoir a qui les communiquer faute de lieu d'auditoire & d'auditeurs, & que dans les Colleges de Paris, ne puiffent eftre employez tous ceux qui fe prefentent pour tel exercice. Il aduenoit par cy deuant, que les Principaux feculiers des Colleges de toutes les autres Villes de France, efquels il y a gages & appointemens

pointemens fondez pour les Regens, appelloyent & se seruoyent en leursdits Colleges, de ces pauures jeunes hommes, qui auoyent faict le cours de leurs estudes en cette Vniuersité, en laquelle ils estoyent lors inutils, & leur donnans classes les occupoyent vtilement quelques années tant en la Regence qu'en la Pedagogie, si que reuenans à Paris cinq ou six ans apres, nous les receuions tous façonnez, ils auoyent faict leur aprentissage en ce mestier ailleurs sous les auspices des Principaux des autres Villes, ils venoyent icy estaler leur chef-d'œuure; si que desormais nos chefs de Colleges, dont les vieils Regens depuis le partement de ces jeunes s'estoyent promeus aux facultez superieures ou auoyēt prins autre party, ne faisoyent plus de difficulté de surroger ceux-cy en la place des autres, & ainsi l'Vniuersité par vne admirable vicissitude, & sensible effect de la prouidence de Dieu, se prouignoit, se continuoit, renaissoit & se renouuelloit, au grand bien de toutes les pauures familles de Frāce, honneur & auancement des lettres. Mais aujourd'huy que les Colleges des Iesuites sont aussi communs que les Conuens de Cordeliers, l'on fournira icy de quatre & cinq cens jeunes hommes plus capables, & mieux

F

versez és bonnes lettres, Grecques, & Latines, vers, & prose, que ne sont plusieurs des Regens Iesuites, & qui sont prests de s'employer plus diligemment qu'eux en l'institution de la jeunesse, constituez en telle disette que i'en ay ouy aucuns regretter, qu'ils ne s'estoyent plustot adonnez à apprendre mestier, qu'à suiure l'estude qui leur estoit infructueux, inutile & ingrat, veu qu'ils ne peuuent sortir de Paris que de traicte en traicte, & de ville en ville, ils ne trouuent leurs places prises par les Iesuites, lesquels encor les viennent estouffer iusques dans le sein de leur desolée nourrice ceste pauure Vniuersité, en laquelle iceux Iesuites, fõt tous leurs efforts de se remettre pour tenir tout, & que rien ne leur eschappe. Or m'ayant ouy plaindre de la façon que dessus le dechet des Regens seculiers qui n'ont plus de jeunesse à instituer, que ce qui se sauue des pieges & poursuittes des Iesuites, i'en trouue la consequence bien plus importante en ce qui resulte de telle institution, & dont ce deplorable Estat de France, ressent desia de tristes effets par les diuisions que nous voyons dedans toutes ses Compagnies, & qui s'accroistront plus nous irons en auant, à raison que les enfans des riches & puissantes familles, qui sont ceux qui doiuent estre promeus aux grandes charges du Royaume, briguez (comme ils font par toutes voyes) de ces nouueaux maistres, seront aussi desormais induis par leurs instructions, à tenir des maximes toutes nouuelles, opposées aux nostres anciennes, vrayes & indubitees, soit touchant la pretenduë puissance du Pape sur les Conciles, qu'icelle mesme sur la deposition des Roys, & administration de la Iustice dedans leurs Estats sous leur authorité, conseruation du pouuoir & iurisdiction des ordinaires, les Euesques & les Curez contre les attentats, publics, & communs, de tant d'extraordinaires de diuerses sortes d'habits & de regles, s'introduisans à la foule parmy nous, qui tres licentieusement attirent tout à eux, peruertissans l'ordre tousiours fort religieusemēt gardé en France sinon depuis les troubles dernieres, & plusieurs autres telles opinions erronées, que ces nouueaux venus inspirent és ames de ceux qu'ils Catechisent, & quand tout sera changé, renuersé, & confondu, d'icy à douze ou quinze ans au plus, par ceste commune intrusion des Iesuites en l'institution de la jeunesse, & d'eux ainsi que de tous les autres pretendus reformateurs des regles anciennes, és Confessions & Predications, alors les François

F ij

(selon leur couſtume) commenceront à ſentir leur mal, ainſi qu'apres l'abrogation violente & forcée de la Pragmatique Sanction, & la ſubſtitution en ſon lieu d'vn Concordat ruineux, & contraire aux ſaints Decrets ils ont veu en vn inſtant nos Egliſes auparauant gouuernées auec grande edification d'vn chacun, par des Prelats ſainctement eſleuz, occupées par des Eueſques de Court, leſquels meſpriſans leurs charges, ne reſidans & n'ayant ſoin que de ſe faire voir aux yeux du monde, bien parez dans vn Caroſſe, ſuiuis de pages, & de laquais, bigarrez comme oiſeaux de chant, ont faict beau jeu aux heretiques, pour jetter (comme ils ont faict) leur dommageable ſemence, dans le champ de l'Egliſe qui en auroit du tout ſuffoqué la bonne ſemence, ſans les loüables veilles, & reſiſtences courageuſes de nos Docteurs de Paris, Deſpenſe, Vigor, De Sainctes, Picard, De Monchy, Diuolé, Benoiſt, & autres en grand nombre, leſquels les Ieſuites venans en France, trouuerent tous actuellement embeſognez pour s'oppoſer aux rudes ſecouſſes des hereſiarques, Caluin, Beze, Viret, Marlorat, & leurs conſors lors encores viuans, en comparaiſon deſquels les Miniſtreaux d'auiourd'huy ne ſont que des auortons & pagnotes.

Ces grands Docteurs rares ornemens de l'Eglise, & de leur siecle, esleuez & sortis de nos pauures Colleges, en mesme temps qu'ils conspiroyent à la reformation des abus, & combattoyent d'vn incomparable zele les hereses naissantes, n'estans preocupez d'aucune passion, & n'ayans encor veu que les Bulles de deux Papes, decernées en faueur de ceste nouuelle compagnie, donnerent rondement, & à la vieille Françoise dez l'an 1554. leur auis sur la reception des Iesuites, & furent vrais prophetes du dereglement que nous voyons & verrons cy apres s'accroistre de plus en plus à leur occasion. Or comme les heretiques, par vne impieté sacrilege, ont destruict, & ruiné les sainctes remarques de la deuotion de nos Peres communs aussi bien que delaissé la foy, & religion sincere, en laquelle depuis nostre Estat Christianisé ils s'estoyent heureusement sauuez. Ainsi ces nouueaux venus, s'efforçans d'establir en l'Eglise par vne flatterie pernicieuse des puissances absoluës, inconuës aux saints Conciles, comme à la sacrée faculté de Paris, bouleuersent l'ancienne police tant Ecclesiastique, que ciuile, fournissans aux deuoyez par leurs maximes inoüies, nouueaux sujets d'alienation & de haine, aux Princes temporels nou-

F iij

uelles occasions de ialousie & defiance contre l'Eglise, & affligeans les Catholiques de schismes, dissensions & diuisions entr'eux. Cependant pour ne point diuaguer en plus outre hors mon propos, ie reuiens à nostre exercice, lequel (dictes vous) n'est en rien à comparer auec celuy des Iesuites, ce qui est en effect vouloir encherir sur ce que Richeome, *en sa plainte Apologetique, pag.* 16. faict dire au feu Roy (que Dieu absolue) respondant à ceux qui se plaignoient que les Iesuites auoient depeuplé l'Vniuersité. *Faictes mieux* dit le Roy au conte de l'Autheur) *que les Iesuites, & vous aurez plus d'Escoliers.* Mais que le Roy ait dict cela ou non, car ie n'en ay preuue que de ceste part, ie tiens pour certain que si sa Majesté, pourueüe d'vn iugement vif & penetrant, & qui comprenoit bien vne bonne raison, eust esté plainement informée des grands aduantages, que les Iesuites ont tousiours eu, se les conseruent & accroissent de iour en iour au dessus des Regens de l'Vniuersité *pour mieux faire qu'eux, & auoir plus d'Escoliers*, & qu'on luy eust faict entendre aussi particulierement, & auec le mesme loisir que celuy que Possevin en son *Apparatus*, sous le mot *Societas*, suppose que sa Majesté se donna, pour respondre par articles plus elabourez, que satisfaisans precisémens aux chefs de la remonstrance que Messieurs de Parlement luy firent sur le restablissement de leur compagnie en France, la misere & calamité qui accable lesdits Regens, quelque diligence qu'ils employent *de mieux faire que les Iesuites*. Ie ne doute point que sadicte Majesté n'eust plus fauorablement exculé les defaux de ces pauures Regens si peu supportez d'elle, selon ce qu'en ont escrit les susdits Autheurs, & apres eux tous leurs sectateurs à la seule caution les vns des autres. Car ainsi que la raison naturelle semble requerir egales forces en deux personnes qui luictent ensemble pour mieux remarquer la dexterité de celuy qui atterrera ou abbatra son compagnon, & que le combat ne seroit trouué sortable, d'vn homme armé de toutes pieces contre vn autre qui n'auroit que la chemise & le pourpoint. Ainsi je croy bien que si le Roy eust esté aduerty sans dissimulation, de l'inegalité qui est, entre l'estat & condition des Iesuites, & celle des Regens de Paris, il eust ordonné que preallablement il seroit pourueu ausdits Regens de mesmes aydes qu'il est, & a tousiours esté aux Iesuites par tout ou ils ont arresté leur demeure, pour voir puis apres, qui emporteroit le dessus de ceux-cy ou de ceux-la, en pareil genre d'exercice, & en l'inſtruction de la jeuneſſe. Or il eſt certain que les empeſchemens qu'ōt les ſuppoſts de l'Vniuerſité, en comparaiſon des Ieſuites ſont preſque innombrables. Pour leſquels mieux repreſenter, ie commenceray par l'incommodité que reçoiuent du iourd'huy les Colleges eſquels il y a exercice, qui eſt: Premierement que n'ayans eſté fondez ſinon tref-eſcharſement, comme il a eſté dit, & pour ſeruir de retraicte à quelque petit nombre de pauures eſtudians: Quand d'vn commun auis, ceux-cy ont voulu introduire l'exercice chez eux, ce leur a eſté force de tenir l'ordre que cy deuant nous auons veu, ſçauoir eſt de ſe reſſerrer dans leurs logis, pour en laiſſer la meilleure & plus notable partie aux Principaux, leurs Regens, les Pedagogues, Portiers & autres perſonnes aſſociees que ces anciens poſſeſſeurs des Colleges y ont de ſurcroiſt introduites & receuës auec l'exercice, pour y maintenir telle police qu'il eſt requis és Colleges reglez. Ce qui a bien diminué le fonds & reuenu de telles maiſons: Car combien que cet exercice du commencement, ait apporté quelque commodité aux particuliers qui y eſtoient habituez (ainſi que nous auons dit) ſi eſt-ce qu'il a touſiours eſté à la charge & diminution du fonds threſor &

bien

bien commun de chacun College, luy a esté ruineux & incommode par les raisons & moyens qui seroient longs à deduire dont neantmoins i'en toucheray quelques-vns. Le premier sera que les vrais & indubitez possesseurs des Colleges de Paris, qui sont les pauures estudians de diuers Dioceses & Prouinces, ayans resolu chacun pour son regard, (ceux qui l'arresterent ainsi) d'establir l'exercice en leurs maisons, ils ont bien veu qu'il ne suffiroit pas de mettre à part quelque quantité de logis, & l'a d'estiner pour la demeure des Regens, qui vaqueroient à cela, mais en outre ont iugé du tout necessaire commettre & preposer à la direction, reglement & police d'iceux Regens, ainsi que des Pedagogues, & leurs pensionnaires, vn Principal qui fust homme capable suffisant & d'auctorité, pour contenir vn chacun en deuoir. Or il est requis de donner à telle personne gages & apointement honneste, pour ce qu'autrement nul ne le voudra entreprendre: Car ceste charge est de grande peine, d'autant qu'vn Principal doit de matin & de soir, de iour & de nuit paresstre tout le premier à la Messe aux graces, au salut, aux repetitions, faire entrer & sortir les Regens en leurs classes, les faire obeir par les Escoliers. C'est à luy que l'on

G

se raporte de faire & enseigner le Catechisme rechercher les absens les negligens, & ceux qui ne parlent latin, ou qui defaillent en chose quelconque, qui cócerne les meurs & l'erudition, tant des Maistres que des Escoliers, il a le Catalogue de tous & rien ne luy doit estre inconu de ce qui se faict dans le College, il faut qu'a tous momens il soit sur le pied, pour voir de classe en classe, de chambre en chambre, & par tous les diuers destours coins montees cours & iardins du College à ce qu'il ne se commette aucun desordre, il doit faire dans la sale publique ou Chapelle du College, les exhortations de long temps accoustumees estre faictes aux sur-vueilles des iours solemnels, ausquels les Regens Pedagogues & Escoliers sont tenus par les loix de l'Vniuersité, de se Confesser & receuoir la saincte Communion, afin qu'ils y soient tous mieux preparez au moyen de l'instruction qu'ils en receiuent de la bouche dudict Principal. Il est partant malaisé de recouurer sans bonne recompense des hommes qui ayent probité, pieté, science, & maiesté tout ensemble, pour faire & exercer dignement telles charges, qui requierent tres-grand assiduité, & vne entiere sequestration ou dispense de tout autre fonction pour ne se captiuer qu'a cela: Et veu que l'apointement deu à telles personnes se prend sur le fonds du College qui n'en a recompense ny remplacement sur aucun reuenu vieil ou nouueau. Il s'ensuit que les Colleges esquels est l'exercice porté desia pour ce seul chef vne grande & notable despense, à laquelle neantmoins ils n'ont aucune obligation que de volonté pour les raisons cy deuant deduites. Et si vous m'alleguez que cet inconuenient cesse, puis qu'en chacun de ces anciens Colleges par les statuts de leurs fondations, il y a des Principaux desia instituez, lesquels par ampliation où extension de pouuoir, exerceront bien telles charges aux droicts, gages & profits ordonnez par leurs fondations, ie respons qu'ayans lesdicts Colleges esté fondez chacun particulierement pour quelque Prouince, Diocese, ou mesme pour vn seul Doyenné, à l'exclusiõ de tous autres: Ces charges de Principal, ainsi que les Chappellenies, Procures, & Bourses establis esdicts Colleges, ne peuuent, sans la subuersion des fondations anciennes, estre conferees sinon à personnes originaires de ces lieux là: Et comme tels Principaux, n'ont par le statut, au plus que l'emolument de deux bourses, & deux chambres comme aussi ils ne sont obligez sinon de faire vne fois ou deux la semaine, quelque reueuë des leçons de dix

G ij

ou douze pauures estudians pourueus des bourses fondees dedans le mesme College, d'autant que leurs fondateurs, n'ayants preueu ceste nouuelle forme d'exercice de classes, introduicte long temps apres eux dedans iceux Colleges, ny preiugé que des enfans riches & moyennez auec leurs Precepteurs ou autres fors que les susdicts pauures Boursiers tous Comprouinciaux ou Condiocesains les vns des autres, deussent iamais se loger en si petites cabanes, ils n'ont aussi assigné ausdicts Principaux qu'vn salaire fort moderé, & tel que le sembloit requerir pour le temps, la peine & solicitude qui leur estoit imposee. Comme donc ce surcroist d'exercice requiere vn autre Principal outre celuy qui y est d'ordinaire, pour presider sur les classes, priuatiuement à celuy des Boursiers, & qu'il faille à ce nouueau de bien plus grands gages, qu'au premier, ainsi que sa charge est reconeuë trop plus laborieuse : C'est force de confesser que les Colleges d'exercice font bien de la despense pour ce regard. Que si vous repliquez, qu'il faut laisser faire ce premier Principal fondé d'ancienneté, sans y en mettre vn second de surcharge a prix & gages si excessifs. Ie respons auec ce que i'ay desia dict, qu'il ny a raison de greuer personne quelconque, de nouuelle peine, sans accroistre son loyer & sa recompense : Qu'en la pratique & execution de ce dessein, il n'y auroit pas communément grand succez : Car l'experience m'a faict voir en l'Vniuersité, que souuẽtesfois les Colleges sõt mal gouuernés, à cause que les principales charges d'iceux sont restrainctes & affectées par la fondation à personnes de quelque Prouince, Ville ou Diocese, d'autant qu'il y a en plusieurs Prouinces qui ont des fondations anciennes dans nos Colleges d'Vniuersité, telle penurie d'hommes capables de conduire vn exercice de classes, ou s'il s'y en rencontre par hazard, il y en a si peu ou point qui vueille venir s'asseruir à vne condition de vie tant penible, incertaine, & ingrate que celle de nos Colleges, que c'est force de surroger à ces Principaux d'ancienne institution, vn autre Principal pour l'exercice, qu'il faut choisir, & appointer à tel effect, sans aucun esgard du lieu de son origine & naissance. Car ces anciennes Principautez fondées dãs les Colleges comme elles soyent perpetuelles, & se conferent ordinairement par des patrons qui ne se soucient pas beaucoup d'y pouruoir de personnes capables, au moyen qu'ils en gratifient quelqu'vn natif du lieu que requiert la fondation sans autre consideration sinon fort legere de ses merites.

G iij

il aduient rarement que tels Principaux facent grand fruict en leur exercice, N'ayans le plus souuent credit aquis, moyen ny conduite pour s'assister de Regens capables, & encor aussi peu d'erudition ou authorité pour se faire obeir. Ce qui à meu (comme j'estime) depuis peu d'années en ça Messieurs de Parlement, d'establir en certains Colleges de cet' Vniuersité, esquels il y auoit exercice, des Principaux qu'ils ont tirez d'autres lieux, Prouinces ou Dioceses, qu'il n'estoit ordonné par les statuts de leurs fondations, afin que par ce moyen ils conseruassent le susdict exercice, & neantmoins euitassent vn autre inconuenient qui se remarque en plusieurs Colleges d'exercice naissant de la multiplicité des chefs qui s'y trouuent, & lequel cesse en ces Colleges dont je parle au moyen de l'Vnion faicte de la principauté ancienne auec la nouuelle en vne seule & mesme personne capable de satisfaire à toutes les deux charges, à laquelle aussi ils ont conuenablement assigné de trop plus grands gages qu'icelles personnes ne pouuoyent pretendre demeurans és termes de leur premiere institution. Et certainement quand bien ces Principaux anciens, qui doiuent estre prins d'vn lieu prefix priuatiuement à tous autres, seroyent

55

autant accomplis sages & discrets qu'il est necessaire pour dignement exercer leur ancienne charge auec celle de Principal de l'exercice, neantmoins reduits par la fondation (comme desia nous auons veu qu'ils sont) à vne ou deux petites chambres, & trente ou quarante liures de gages par an, qui n'est logement n'y reuenu competent pour satisfaire à ce continuel & penible deuoir, que requiert d'eux ce bel exercice: Ce seroit force de les accommoder mieux que cela, si le reuenu le pouuoit porter, mais il faut que cela vienne de gré à gré, & par l'aduis de tout le monde: Qui faict que prenant les choses en l'estat qu'elles sont, & ne peuuent estre changées, qu'auec vne infinité de peines & trauerses, s'il aduient que ce Principal de lieu & qualité requise, par le statut pour obtenir la premiere Principauté, se sentant assez capable pour presider à la conduite des classes se vueille ingerer d'exercer coniointement la seconde Principauté, ainsi que la premiere, & par ce moyen preuenir la cōfusion, jalousie, & dereglement qu'aporte tousiours vne multitude de chefs, en mesme lieu : qu'à telle fin il se pretende accōmoder de plus de logis & de reuenu, pour retirer auec soy defrayer & appointer ses Regens, qu'il n'en a d'asseuré par son ancien

tiltre. Voila tout foudain les Bourfiers, & autres Officiers du College en alarme contre luy, qui fouftiendront (& auec raifon) que les maifons, fonds, & rentes du College, ont efté données pour eux, & non pour des Regens. ce qui fufcitera plufieurs procez entre le fufdit Principal & les Bourfiers, lefquels apres cinq ou fix ans de pourfuittes, troubles, querelles, efcritures & productions refpectiues, couftages & defpenfes, incroyables, feront par fentences & jugemens de Chaftellet, en premiere inftance, & apres par Arrefts de la Cour tant interlocutoires, que diffinitifs, renuoyez à fe regler felon leur ftatut ; tellement que ce Principal ancien, eftably felon la forme du ftatut, qui fortuitement fe fera trouué capable de conduire l'exercice defia receu en fon College, lors qu'il s'y voudra employer ne fera rien qu'exciter contre foy des factions, qui enleueront le repos dont il pouuoit joüir fe retenant en fa premiere condition, empefcheront le progrés de fes eftudes, & efpuiferont l'argent de fa bourfe: Comme en pareil, les Bourfiers en commun fe ruineront, & ne pourront vaquer à rien qu'à la follicitation de leurs procez. Que fi les Bourfiers fans aucun empefchement confentent l'exercice, & que le vray ancien, & naturel,
Principal,

Principal, ordonné par le statut y preside, sans y en introduire vn second selon qu'il s'est pratiqué par cy-deuant comme nous auons dict, ce pauure homme entreprenant l'vne & l'autre charge, se rend du tout miserable: car lesdits Boursiers ne luy laisseront la disposition des logis, ny le peu qu'autresfois & lois de la splendeur de l'Vniuersité, l'on y auoit annexé, sinon sous telles & si dures conditions qu'il ne sera au regard d'eux estimé non plus qu'vn petit locataire, ne tenant cette place que par forme de precaire, & pour tel espace de temps qu'il plaira à Messieurs, pendant lequel ils se reserueront la disposition de trois ou quatre classes à leur choix, & les gouuerneront à leur fantaisie, & ainsi il y aura autant de maistres & Principaux, qu'ils sont de Boursiers. Ce Principal de nom, locataire & serf en effect, ne sera obey n'y reconu, dont naistra vn grand desordre. Que s'il aduient que les Boursiers, & la communauté du College, luy accordent selon leurs conuentions, qu'il mette & choisisse les Regens, il s'en ensuiura encore d'autres diuisions, car les Boursiers se disant insolemment maistres & proprietaires de la maison croiront tout leur estre loisible, se prefereront aux Regens, voudront auoir les clefs des portes, pour

H

les ouurir & fermer à leur difcretion, feront des menees contre le Principal & les Regens, empefcheront felon les occafions, & qu'il leur viendra en caprice l'execution de quelque difcipline fi le cas y échet: de forte que ce ne fera iamais faict, & celuy des deux contendans qui ne voudra aquiefcer fera contraint d'auoir recours, aux Commiffaires du quartier, ou venir rendre fa plainte en Chaftellet, appeller à la Court, comme nous voyons qu'il fe faict trop fouuent au grand fcandale des lettres, defplaifir de ceux qui ayment l'honneur de l'Vniuerfité, mauuais exemple de la jeuneffe, qui y doit receuoir bonne inftruction, defpenfe & ruine incroyable du pauure College, le fonds duquel porte tout en diffinitiue, veu qu'il f'agit d'vn reglement duquel l'on fera toufiours quitte, pour dire que les particuliers n'en doiuent faire les frais, & feront les turbulens defchargez des defpens, attendu la qualité des partyes. Dela je vous laiffe à penfer le grand proffit qu'apporte à nos pauures Colleges ce bel exercice, que fous bien meilleures & plus auantageufes conditions, l'on entretient par tout ailleurs, que non pas és Colleges de Paris. Ie mettrois encor' vne chofe fort confiderable pour garentir d'enuie & de reproche nos Principaux,

s'ils ne peuuent pas *mieux faire* que les Iesuites. C'est que les plus celebres Colleges
de Paris, sont comme autant de diuerses
Democraties, veu qu'en chacun d'iceux l'on
y trouue, deux, trois voire quatre communautez distinctes: l'vne sera de Theologiens,
l'autre d'Artistes, ou Philosophes, l'autre
de Grammairiens, & l'autre de Chappelains,
chacune d'icelles communautez a puis apres
son chef ou superieur à part, qui ne s'estime
dependre d'aucun autre dans ledit College,
& comme ils ont tous le plus souuét, autant
de diuers Patrons qui les pouruoyoient de
leurs charges, chacun aussi se pretend egal à
son Collegue, & ne dependre en rien de
luy, dont aduiennent de grands troubles, qui
ne se peuuent regler qu'en iustice, & par vne
longue conoissance de cause, qui empesche
cependant que la discipline ne soit bien gardée. Car chacun de ces Patrons, se voulant
conseruer en ses pretendus droicts, ne veut
que son Client, ou presenté, cede en rien
aux autres. Et s'il aduient par r'encontre
qu'il y ait vn ou deux de ces superieurs, ou
Principaux en mesme College, qui s'vnis-
sans viuent en concorde, & conspirent au
bien, vn troisiesme superieur, ou bien vn
Chappelain, ou vn Procureur, & quelque
Boursier discole fascheux & mutin, s'auise-

H ij

ra de subtiliser sur vn poinct ou article du statut de la fondation, & en fera esclorre vn essain de procez & difficultez, qui destruiront l'ordre & la police requise en telles maisons, & à cela n'y à moyen de remedier comme aux Colleges des Iesuites, par reuocation pure & simple de ceux qui sont en telles charges, pour-ce qu'elles sont perpetuelles & ne sont deponibles qu'apres de grandes & longues contestations en iustice, plaines & entieres conuictions iudiciaires de maluersation, frais, despenses & poursuittes indicibles, si que les plus paisibles le perdent, les plus malings, & processifs l'emportent & le gaignent, enquoy bien souuent leurs Patrons mesmes les soustiennent pour ne sembler se departir de leurs prerogatiues. Et quand bien lesdicts Patrons se resoudroyent d'vn auis commun, (ce qui n'aduint iamais depuis la premiere fondation que chacun y procedoit de bonne foy) de n'introduire dedans leurs Colleges, que de bons estudians simples & modestes, neantmoins pour-ce qu'ils n'ont pas le choix libre, & sont restraints aux Clercs de tel, ou tel Diocese, ce sera par hazard, s'ils conferent telles charges à personnes qui sçachent s'y bien conduire comme il est requis. Or tout ce desordre n'est pas és maisons ou il n'y a qu'vn chef general, duquel depend toute la conduite, & auquel se defere sans contredict vne grande obeissance comme il se faict en chacun College de Iesuites, car en ceux-cy, l'intendance authorité & gouuernement, n'est commis qu'au seul Recteur establi par le seul Prouincial ou General, sans aucun esgard de païs, Prouince ou nation : Ce Recteur sans aucune limitation de pouuoir, mais bien absolument exerce la charge sur tous & chacuns, ceux qui sont dans le College, lesquels dependent entierement de luy, & le reconoissent seul, de mesme qu'aussi luy estant reuoqué par son superieur, il se deporte de son Rectorat, & se retire sans aucun bruict, procez n'y contestation. Cela bien consideré, mettez en paralelle (comme faict Richeome, tout ce qu'il prend à cœur) vn homme capable, qui eit sans poursuitte ou sollicitation (car on ne doit pas autrement le presumer contre l'integrité de tels superieurs) preposé & estably en vn College, bien fondé basty & meublé, dans lequel il est à son arriuée receu auec toute sorte de respect, & de la en auant, craint obey & reueré en l'execution de sa charge, qui en consequence d'icelle, peut disposer & ordonner d'vne maison, en laquelle rien ne defaut de tout

H iij

ce que l'on sçauroit desirer pour le viure, aisé & commode de luy ses Regens, Officiers & domestiques, il y trouue vne belle & bonne Bibliotheque pour luy seruir, & à ses Collegues d'vn doux & agreable entretien, est recherché, bienueigné & visité quand il luy plaist de le permettre (Car cecy n'est pas vne petite faueur) des plus grands & plus notables habitans d'vne bonne ville: toutes ces conditions voire encore de meilleures, se rencontrent & offrent comme à l'enuy à chacun Recteur de la Compagnie en quelque College que ce soit des leurs qu'on luy donne son departement: Et mettez à l'opposite le mieux appointé Principal que nous ayons dedans nos Colleges de Paris, vous trouuerez tout au contraire que cestuy-cy, quelque merite qu'il ait n'aura peu estre pourueu de sa charge qu'auec peine & difficulté, venant en sa maison il l'aura trouuée en ruine, ce luy aura esté force de s'equipper fournir & meubler, tascher d'adoucir les humeurs farouches des Boursiers, les traicter & bienueigner pour les retenir de murmurer contre luy à son auenement, commencer son bel exercice par des auances incroyables d'argent emprunté çà & là ou il aura peu, tant pour appointer ses Regens, que pour mettre les maisons en estat, & les garnir au dedans à grands frais des choses necessaires mesme pour viure bien à l'estroict, auec incertitude d'en pouuoir iamais retirer le quart, de ce qu'il y employe. Il n'a vin, liures n'y prouisions quelconques, pour soy n'y pour ses Collegues, il est à la recherche de tout aussi bien que ses Regens, n'est-ce donc pas quelque espece d'inhumanité, de pretendre qu'vn Principal de Paris, face mieux qu'vn Recteur des Iesuites, veu la disproportion qu'il y a entre la facilité d'exercer par cestuy-cy sa charge, & les difficultez extremes qui s'opposent à l'autre, en l'execution de la sienne? Or tout cela en diffinitiue retombe sur le College, car il suffit au Principal lors de son entrée, d'auoir le soin de faire plusieurs auances s'il en à le moyen, selon ce qu'il aura esté conuenu auec luy, & neantmoins si le College d'exercice, faict de la despense beaucoup, pour le recouurement d'vn Principal qui puisse vaquer à sa charge, sans diuertissemét: Aussi que luy de son costé en a bien eu, il faut encore faire plus grande despense, pour appointer huict ou neuf Regens, que l'on pretend astraindre à trauailler incessamment, tout le long d'vne année, chacun dans sa classe. Car n'ayant iceux Regens aucune asseurance de leur viure & entretien, le

College ne les retiendra iamais le Principal, sinon en leur accordant gages competens à cause qu'il se trouue auiourd'huy si peu d'enfans residens en nos Colleges, qui ayent dequoy reconoistre les Professeurs, que nul ne se veut amuser à la regence pour le simple casuel, comme il se faisoit il y a quarante ans. Item il conuient entretenir deux, trois, ou plusieurs Portiers, qui soyent assidus & exacts, pour ne souffrir les enfans sortir & diuaguer sans licence. Outre tout cela il faut d'an en an, & plus souuent encore, reparer les logis destinez pour l'habitation, & demeure des susdits Principal, Regens, Pedagogues & Escoliers, leur faire sans cesse nouuelles estudes, fenestres, vitres, chassis & huisseries: Car il est certain que les Escoliers sont communément les plus mauuais hostes (quant à ce qui est de conseruer vne maison entiere) que l'on puisse loger, il n'y a planchez, huis, serrures, vitres, fenestres, n'y pas mesmes souuentesfois les gros murs, qui se garentissent de leurs demolitions, ils rompent & fracassent tout, sans que nous puissions inuenter precautions suffisantes, pour les en empescher. D'auantage c'est force dedans nos Colleges, pour la commodité fantastique & imaginaire des enfans qui sont

deuenus

deuenus extrémément difficile de leur construire, changer ou tranfporter fouuent de place en autre, & de chambre en chambre leurs eftudes, percer des murs, faire nouuelles cloaifons, arracher des ferrures, charnieres, loquets, faire nouuelles clefs aux huis & portes de leurs chambres, & eftudes, d'autant qu'ils perdent, ou rompent fans cefse tout ce qui leur fert, & n'eft croyable finon de ceux qui ont telle charge, combien il coufte en ces fournitures & defpenfes, qui fe prennent toufiours fur le petit fonds ancien du College, dont les pauures Chappelains, Bourfiers, & autres eftudians nourrifsons naturels de telle maifon, qui lors de la fplendeur de l'Vniuerfité, pouuoyent s'auancer en confequence de l'exercice, comme i'ay defia reprefenté, reffentent maintenant la perte, l'intereft, & le dommage, & voulans fe roidir contre leur mifere, font contrains bien fouuent, d'engager & hypothequer leurs fonds ancien, & fe fouftraire à eux mefmes leurs petits emolumens, pour entretenir ce bel exercice, dont le public retire feul la commodité, & eux & leur College, en encourent la ruine & incommodité. Cela fe voit és Colleges de Lifieux, du Pleffis, Harcour, Bourgongne & plufieurs autres aufquels y a exercice, defquels les

I

fondations sont si petites, & les charges ordinaires & anciennes (sans parler de ces nouuelles & suraiouſtées) si grandes & excessiues, que malaisément elles suffisent pour donner à chacun desdits Boursiers vne chambre quite, pour laquelle ils sont tenus de subir des peines incroyables, & seruir iour & nuict, festes & feries, aux Chapelles basties dedans leurs Colleges, & entrenir les offices, qui y ont esté fondez d'ancienneté: Ces Boursiers leurs cours d'estude faict comme ils ne treuuent plus hors de Paris, qui les reçoiue n'y employe, ainsi que nous l'auons clairement monstré, demeurent inutils & en friche. Dont aduient qu'à la charge du peuple qui s'ennuye de tant de diuersitez d'instituts, les vns se jettent ou ils peuuent dans ces regles nouuelles, que l'on dict deschauffees, voyans bien que l'entrée leur est close par l'infortuné Concordat, aux grands & riches Monasteres des anciens ordres, que la pieté de nos Roys, & des Seigneurs de France, auoit long-temps y a fondez, principalement en leur consideration. C'est l'a que nos pauures nourrissons de College, qui respirent la vie contemplatiue, sans roder de ruë en ruë, comme ils font, trouueroyent pres de ces bons Peres Abbez, qui les possederoyent le reconfort de corps & d'ame qu'ils font contrains de rechercher en ces colonies d'edition toute recente, efquelles incertains de ce qu'ils doiuent faire, ils fe vont bien fouuent precipiter: fi affez difcrettement ou non: Dieu le fçait. Les autres qui feroyent propres pour la conuerfation commune, & l'adminiftration des faints Sacremens, defefperez veu le defordre qui eft en l'Eglife d'y rien obtenir, que par procez, ou grandes defpenfes, font forcez de fe foufmettre, & afferuir à des minifteres peu conuenables à l'honneur des lettres: D'autres attendens quelque Pedagogie ou claffe, & de ceux-cy le nombre eft incroyable: car il eft auiourd'huy plus qu'il ne fut iamais de tels pauures conditionaires, chacun defquels comme il fe prefente occafion pour petite quelle foit d'eftre employé, faict valoir tant qu'il peut fes credits, afin d'y entrer, & en auoir la preference fur fes competiteurs: & neantmoins s'il aduient que quelqu'vn de ceux-cy trouue ou s'occuper en vn College celebre, ce ne fera d'abordée qu'vne baffe claffe, pour ce que rarement l'on donne les plus efleuées aux nouueaux Maiftres, & que ceux qui ont defia exercé la Regence par quelques années ne fe veulent plus arrefter apres la petite jeuneffe, a caufe de la grande peine & affiduité

I ij

que telle inſtitution requiert & du peu de reconoiſſance que l'on en doit eſperer: comme de faict vn ſixieſme ne ſe peut auancer pendant qu'il eſt retenu en telle claſſe, tant pour ce que ſa vacation laborieuſe, requiert qu'il parle touſiours & ſans ceſſe, auec des enfans de huict & de neuf ans qui ne comprennent qu'à toute force ce qu'on leur enſeigne, & partant l'empeſche de faire de meilleures eſtudes, qu'auſſi pour ce qu'il luy eſt impoſſible de recouurer les bons liures neceſſaires pour ſe rendre plus docte, veu le pris exceſſif lequel on les vend, de ſorte que c'eſt beaucoup ſi le Regent d'vne baſſe claſſe quelque part que ce ſoit, peut viure petitement de ſon labeur, & eſtre quitte au bout de l'an. S'il ſe met en queſte de penſionnaires, il y a bien de la difficulté d'en auoir pour luy. Premierement, par ce que les Ieſuites les enleuent d'an en an (comme l'experience le monſtre) ſi qu'il n'en reſte dans nos Colleges de familles aiſées, ſinon ceux deſquels les parens, pour bonnes conſiderations, ne veulent les commettre qu'à des ſeculiers. Secondement les Meres ſont deuenües trop plus difficiles que par le paſſé, ſur la commodité du logement qu'elles veulent que l'on donne à leurs enfans dans les Colleges, & les Peres requierent (auec bon ne raison) que leur Maistre de chambre ainsi que le Regent de classe soit de loüable conuersation, pour regler les meurs de ses Commensaux, capable & diligent pour leur bien faire entendre & repeter leurs leçons. Or le nouueau Maistre que nous descriuons, n'ayant iamais eu grand' ayde, veu qu'il est extraict de bas lieu & né de parens pauures: mal & incommodément logé, à cause qu'il est le dernier venu dans le College : aussi sera-t'il consequemmēt le moins recherché, & le plus mal garny de bons liures, qui est vne denrée maintenant fort chere, comme je l'ay desia remarqué. Tellement que nostre pauure nouueau Maistre, quoy que de primsaut il obtienne classe & quelques pensionnaires, chose qui n'auient pas souuent à telles personnes, qu'ils ayent ensemble l'vn & l'autre : & qu'il se conserue tousiours en santé : ce qui est rare à gens de petite condition, & qui viuent en la misere commune aux estudians souffreteux qui sont dans nos Colleges ; il ne pourra pas neantmoins en dix ans s'aquerir luy defrayé, la valeur de cent escus de meubles & de liures. Et quand tout ce bon hazard que i'ay dict luy escherroit, s'il luy suruient apres cela quelque petite disgrace, comme seroit vne déroute de ses Pensionnaires : qui ne sont qu'oyseaux de passage, ou que son Principal prenne vn dégoust de luy, & le priue de sa classe : Car cela n'est pas vn fonds beaucoup asseuré, puis que selon la pratique de nostre Vniuersité, chacun peut faire d'an en an, à la Sainct Remy, monde neuf, & nouuel amy, ou qu'il luy suruienne vne maladie, ou vne année de cessation d'exercice, par guerre, famine, ou peste, veu que son gagne-pain, luy peut manquer en chacun de ces cas, mon pauure petit Maistre consommera en trois mois ce qu'il auoit par tant de soings, veilles, & trauaux, assemblé, ou practiqué en dix ans. Reste voir comme les Regens des Iesuites sont à l'abry de toutes ces incommoditez, par la sage preuoyance qu'ont euë les autheurs de leur institut, de faire que leur viure, entretien & conseruation, ne despendissent de choses si incertaines, ou fussent establis sur fondemens si mal asseurez, que ceux sur lesquels nous auons monstré qu'est appuyée la belle fortune des pauures Regens de l'Vniuersité. Premierement donc les Iesuites ne reçoiuent pour Nouices, & en intention d'en faire puis apres des Regens sinō enfans qui ayent esté splendidement nourris, soit en leurs Colleges ou ailleurs, comme Pensionnaires. Telle education leur donne vn grand auantage pour la santé & disposition de leurs personnes aux actions esquelles ils les employeront. A tel dessein ils gaignent tant qu'ils peuuent ceux des meilleures maisons soit pour enfler par ce moyen, & faire valoir leurs credits, soit pour quelque iour venir en partage auec les plus grandes & riches familles de nos Prouinces, au droict de ces futurs heritiers qu'ils auront aquis à leur Cōpagnie des leur ieune aage. Pour mieux en cheuir ils se contenteront lors que ces enfans sont encor aux basses classes de les allecher par diuerses faueurs: Or l'experience nous apprend, qu'il ny a rien qui tant concilie l'affection des disciples enuers leurs Maistres que les petites gratifications qu'ils en recoiuent. Peu à peu comme ils deuiennent plus grands & montent aux hautes classes, l'on commence d'en faire conte, les admettre à des communications particulieres dedans la maison, les estimer au dessus de leurs compagnons: Ceste faueur à tant de pouuoir sur ces ames encor simples & naïues qu'il est impossible de dire l'aise & contentement qu'elles en recoiuent, & sur telle disposition, s'il vient vn Prouincial ou autre Pere qui ait grand nom en la Compagnie, ces petis nourrissons par vne grace speciale seront introduis pour le voir saluer & bienueigner de quelque Epigramme où

composition. Lors sa Reuerence dira quelque bon mot à ce ieune estudiant, lequel tenant pour oracle diuin & de viue voix ce qui sera emané de la bouche de personne si celebre s'en retourne de sa presence desia demy persuadé pour demander d'estre agregé en la Compagnie On accroistra ceste ferueur l'entretenant de iour en iour des nouuelles soyent vrayes ou controuuees que les chefs de ceste Compagnie s'escriuent les vns aux autres : Car il est incroyable des lettres auis & depesches qu'ils recoiuent respectiuement de toutes les parts du monde, & des mysteres & secrets dont ils s'entrefont participans, clos & couuers à tout autre genre d'hommes qu'à eux. Cependant le proselyte dont est question ne sera presé de consentir à ceste inspiration qu'apres ses estudes faictes ou sur la derniere annee de son escolage en la premiere & qu'il sera prest d'entrer en la Logique. Pource que c'est vn arresté en ceste Compagnie de n'y admettre aucun qui ait encor besoin de grande cõduite où instructiõ, veu que cela leur seroit à charge ainsi que l'esprouuent les autres Communautez Ecclesiastiques qui recoiuent des enfans ignorans : Qui faict que les Iesuites n'escoutent leurs postulans sinon apres qu'ils sont desia doctes & ont esté bien
liberalement

liberalement entretenus aux frais & despens de leurs parens comme par vn auancement d'hoirrie & de succession, afin que dés leur entrée ils rapportent plus de lustre & d'ornement à la Compagnie qui les reçoit. Or c'est lors que les fortes impressions des Regens du Prefect & du Recteur ayans faict leur effect à l'endroict du postulant il disparoistra tout soudain, estant destourné de ses conoissances pour estre translaté loin de ses amis, & transpassé en diuers lieux, par tant de temps, que l'on puisse presumer que la memoire de ce transport soit esteinte, & apres l'emission des vœus qu'ils nomment simples, & quelque goust qu'on luy fera prendre des estudes de Philosophie, & Theologie, il sera pour vn nombre d'années employé à la Regence : mais c'est auec bien d'autres auantages que nostre pauure Regent d'Vniuersité. Car vous vous representerez les miseres & trauerses, que cestuy-cy a souffertes pour s'aquerir la capacité de regenter, ainsi que nous auons monstré. En quoy le Regent Iesuite tient bien le dessus, véu qu'il a esté fort liberalement entretenu à la diligence & soin de ses parens, pendant le cours de ses estudes, sans peine n'y difficulté, comme Pensionnaire riche & moyenné qu'il estoit, &

K

n'a enduré aucun mal n'y necessité, dont il ait encouru quelque detriment en sa santé, ainsi qu'il aduient souuent aux estudians qui ont de la disette. Par apres la ou nostre nourrisson d'Vniuersité, qui est forcé & desire s'employer, ne peut qu'auec grande difficulté, prieres & recommandations, à cause du nombre de postulans qui se rencontrent du iourd'huy en ceste mesme recherche, obtenir classe ou Pedagogie, dont en trauaillant continuellement, il ait moyen de viure & recouurer quelque petit meuble, liures & autre equipage necessaire pour l'exercice de sa fonction. Le Regent Iesuite, au contraire n'a besoin de se soucier de tout cela. Car soit qu'il trauaille ou non, il a son viure & son entretien asseuré, & s'il s'occupe à la Regence, il le faict en se joüant & sans peine, pour ce qu'il a de toutes sortes de liures d'Expositeurs, Glossateurs & Commétateurs, qui luy fournissent telle matiere qu'il veut, estant comme dans vn riche Arcenal, ou il trouue telle espece d'armeure qu'il sçauroit souhaitter, veu qu'il n'y a College de la Compagnie, qui ne soit bien muny de liures, ainsi que de tout autre commodité. Partant il luy est aisé de faire ses leçons tout couramment à l'aide qu'il reçoit de tant de bons Maistres, qui ne le laissent manquer de rien. Le Regent d'Vniuerſité n'eſt pas aſſeuré en ſa condition, ſoit de claſſe, ſoit de Pedagogie, car l'vne & l'autre eſt touſiours incertaine & peu ſtable, pour n'auoir ſon fondement, ſinon ſur les volontez fort muables des hommes, celle du Regent Ieſuite, je n'oſe pas dire qu'elle le ſoit beaucoup plus, ſinon pour le temps qu'il ſçait bien s'accommoder aux volontez des Profez du grand vœu. Car le rapport de Philothée Eugene, qui auoit de bons memoires de ceux de la Compagnie, en outre la ſcience experimentale qu'il s'en eſtoit aquis, lors qu'il y eſtoit Coadjuteur ſpirituel, & la rencontre que nous pouuons faire de pluſieurs qui en ont eſté congediez, apres y auoir bien & longuement trauaillé, nous font dire auec verité que telle condition n'eſt pas ſtable, ſujette comme elle eſt à renuoy, mais du moins pendant qu'ils ſont de tel corps, ils ſont deſchargez de toutes les importunes ſollicitudes qui accablent les Regens de Paris. De plus s'il aduient en vn College de la Compagnie, qu'vn Regent s'eſtime tant peu que ce ſoit indiſpoſé; les Recteur & Prefect, commettent tout à l'inſtant l'vn des autres Confreres pour faire la claſſe, & laiſſent repoſer le malade, & ſe rafreſchir à diſcretion tant de temps qu'il voudra. Car en chacun de leurs Colleges & maisons, ils peuuent par les reuenus competens qu'ils ont la preuoyance d'y faire annexer auant que de les accepter y entretenir six, huict, dix, douze ou plus grand nombre d'hommes capables, qui venant vn ou plusieurs des Regens ordinaires à defaillir au faict de leurs classes suppléent soudainement à ce defaut, par l'intermission qu'ils font des lectures ou estudes priuées, ausquelles ils vaquoyent, & qu'ils reprennent puis apres quand celuy qui estoit recreu & fatigué, reuient tout frais & deliberé à son exercice; Comme aussi ces mesmes secourans aydent les desusdits Regens ordinaires des Collections qu'ils font estans à loisir & de relais, si bien que les Regens Iesuites peuuent, & sans diuertissement aucun, & mesme souuent sans se trauailler, aydez des labeurs d'autruy, faire leur leçon quand bon leur semble. Les Regens de l'Vniuersité, n'ont aucune de ces aydes ou commoditez: car la pauureté des Colleges ja tant de fois alleguée, leur oste le moyen de nourrir & gager seulement leurs Principaux & Regens ordinaires, qui est bien loin d'auoir (comme les Iesuites) derriere eux vn gros de reserue bien entretenu comme il a esté dict, & qui ne vient au secours qu'extraordinairement, & en cas de necessité. La ou le Regent d'Vniuersité, tombant en maladie, s'efforcera tant qu'il luy sera possible, & plus qu'il ne pourra de ne faire aucune Eclypse ou faillitte en sa charge, sçachant bien que luy estropié, sa classe est en proye. Et s'il aduient qu'il demeure du tout par la force & violence du mal, l'on ne peut pouruoir à son soulagement que par vne recherche extraordinaire d'homme capable, pour enseigner en sa place, & à s s frais & despens qui emportera tout son petit gain, le fruict de ses labeurs passez, & l'esperance de ce qu'il eust peu profiter à l'auenir: Tellement que le pauure Regent despendra pour se subuenir en sa maladie, & aura ceste grande surcharge d'en entretenir encore vn pour faire sa classe. Et quant aux liures, il aura esté trente ans en l'Vniuersité, qu'il n'aura pas eu moyen d'en auoir pour cent escus, & ne faict ses leçons qu'à grande force & aspreté de lecture & d'estude, ne pouuant estre aydé de ses confreres, qui sont tous en mesme angoisse que luy, & aussi empeschez de pouruoir à leur petite affaire: C'est aussi encor vn grand soulagement pour le Regent Iesuite, de ne se voir chargé de faire les Repetitions en chambre, à pas vn de ses Escoliers. Car dans les Colleges des Iesuites, ce soin des Repetitions en chambre, est delaissé à de jeunes estudians de leurs Compagnie, (bien souuent peu habiles) qui ont encor la correction des Themes, & la recherche de ceux qui sçauent ou non leurs textes par memoire. La où le Regent d'Vniuersité s'employe luy mesme à tout cela : estant necessaire qu'il face entendre la leçon à chacun de ses Pensionnaires, qui seront souuent de diuerses classes, qu'il leur face reciter leurs textes, corrige ou du moins reuoye leurs Themes apres le Regent de classe, sinon qu'ils soyent de la sienne mesme. Le Regent & Pedagogue Iesuite, est soulagé de l'ennuy, peine & fatigue, que l'on reçoit tant en la classe, qu'en la chambre, de discipliner les enfans quand il y eschet, & luy suffit d'ordonner, sans perdre temps, n'y se diuertir pour oüyr les petites contestations que l'apprehension qu'ont les enfans coupables, leur suggere & fournit afin de s'exempter de la peine arrestée : l'on procede donc à l'execution : laquelle est commise à d'autres, qui sans plus grande conoissance de cause, viennent tout soudain à l'effect, & ainsi cela est bien tost despesché sans que le Iesuite s'en émeuue d'auantage. Le Regent d'Vniuersité, n'ayant qui le soulage en cecy, y perd souuent beaucoup de temps, auec l'ennuy qu'il en prend: ne pouuant neantmoins raisonnablement se demettre de cela sur quelque personne inconuë, veu que la jeunesse ne s'offence point tant d'estre chastiée de celuy duquel elle reçoit instruction, & qu'elle se reconoist desia obligée d'auoir en honneur & respect, comme de quelqu'vn qui n'a nul interest à sa correction, & ne l'affectionne point. Or toutes les choses susdites bien considerées: je voudrois fort demander, si les Iesuites ayans de si grands & notables auantages, biens & commoditez, comme chacun peut sçauoir, obligent tant le public, en ce qu'ils font que leurs Encomiastes volontaires, ou à gages resonnent hautement, & publient par tout le voulant persuader à grands & à petits, à peine d'encourir la note, ou soubçó de mauuais Catholiques. Et si à l'opposite, les pauures Regens de Paris, ont merité d'estre ainsi bafoüez, mesprisez & desestimez, que plusieurs de ceux mesmes qui deuroyent contribuer au restablissement de l'Vniuersité, le desirent à l'appetit de ses enuieux veu les difficultez & empeschemens qu'ils ont en l'instruction de la jeunesse, n'estant aydez, secourus n'y soulagez en rien, moins encor asseurez de viure & entretien, trauaillant comme ils font pour le public.

Or de tout ce que nous auõs dit iusques icy, vous pouuez aisément iuger, que les Iesuites peuuent sans se trauailler supplâter tous nos Regés, veu qu'ils ont bien sçeu en temps propre & saisõ couenable à sçauoir au milieu de nos troubles, & lors que l'on estoit diuerty ailleurs, s'auantager fort finement sur les supposts de l'Vniuersité, en s'establissant beaucoup mieux que ceux-cy ne firent onc. Car ou la modestie, & simplicité de nos deuanciers, les a retenus de penser à s'asseurer de plus grands biens que ceux qu'ils auoient il y a quatre & cinq cens ans, n'y d'auiser depuis ce temps-là, aux moyens de les accroistre selon les occasions qui se sont presentees à eux de ce faire, en la reuolution de tant de siecles, changemens de tãt de Roys, troubles & confusions ciuiles qui ont souuent agité cet Estat; ils ont tousiours assez cõtribué à son bien & repos, quand ils se sont entierement arrestez à leurs petits exercices, sans s'esleuer à rien qu'à deffendre lors qu'il en a esté besoin, l'ancien ordre de l'Eglise: & l'honneur de nos Roys, ainsi que de leur Estat & Couronne: Les Iesuites au contraire, ne s'estans introduis parmy nous, que depuis cinquante ans seulement, se sont desja si bien habituez en quarante des meilleures villes de ce Royaume, qu'ils y possedent

des

dés à present tant de reuenus, qu'ils vont par tout au pair des Euesques, & de leurs Chapitres, & qui est encor plus c'est qu'ils ont des maintenant gagné tel credit & pouuoir & se sont tant esleuez en authorité, qu'il n'y a auiourd'huy puissance (quelque semblant que l'on face de ne s'en vouloir d'effier) qui ne les redoute, ny personne en particulier qu'ils ne s'efforcent de tenir en sujection. Et ie prie a Dieu qu'il nous empesche de voir les effects de ceste grande creance qu'ils se sont aquise sur plusieurs, comme il auiendroit infailliblement si le Roy inclinant aux supplicatiós des bons François, ainsi que de sa fille aisnee l'Vniuersité, vouloit restablir la Pragmatique sanction. Car si pour vn sujet important aux Venitiens en la conseruation de leur Estat, auquel l'on touchoit à leur temporel, ne releuant d'aucun. Ceux de ceste Compagnie residans és villes de leur obeïssance, se sont efforcez d'exciter des troubles & remuemens en icelles, sous couleur d'obeir à l'interdict que chacun sçait auoir esté fulminé contr'eux: En quel trouble serions nous en France, desia diuisez comme nous sommes s'il y suruenoit pareille occurrence puisqu'en ceste derniere assemblee de nos Estats, à la veuë du Roy, des Princes de son sang,

L

de son premier Parlement, en sa ville Capitale la liberté des bons François y estant notoirement opprimee, l'on a bien osé dresser les preparatifs d'vne reuolte tel cas auenant? Et dont le Roy a commencé de voir la pratique, dans Bordeaux à la bienuenuë de la Reyne son Espouse, & au scandale de son Parlement, & de tous ses bons sujects? Mais sans m'arrester d'auantage sur ces considerations qui importent au gouuernement general de la France, lesquelles ceux ausquels il touche de plus prez d'y pouruoir se sçauront bien representer. Ie vien seulement à l'artifice dont s'aiderent les Iesuites quelques annees apres qu'ils se furent habituez en ceste ville pour venir plutost à bout de l'Vniuersité, où du moins pour se l'approprier & la transformer en eux mesmes, comme ils ont faict les Vniuersitez Catholiques d'Allemagne, Lorraine & d'ailleurs, esquelles s'estans vne fois introduicts, ils s'en sont bien tost rendus les maistres, & d'icelles ont exclus les seculiers, ou s'il y en est resté quelques-vns, on les voit vagabonds & inutils comme espaues, supplantez en tout ce qu'ils sçauent faire par ceux de ceste Compagnie. Donc comme ils eurent reconu apres leur establissement dans le College de Clermont, que les

Regens ne subsistoient en nos Colleges que par les salaires prouenans de la liberalité des Pensionnaires, & que ce casuel estoit le seul fonds de leur viure & entretien, d'autant que les Escoliers logez en ville voire iusqu'aux plus moyennez, ne leur donnoient plus rien ou fort rarement. Les Iesuites pour du tout les mettre à sec, ne se contentans d'auoir leurs classes remplies des externes soubstraicts de toutes pars, resolurent de prendre des Pensionnaires comme il se faisoit aux autres Colleges, & du commencement arresterent d'en tenir chez eux de deux sortes, voyans qu'on le pratiquoit ainsi ailleurs, où mesme le plus communément y auoit trois diuers rangs & degrez de pensions afin que tous Escoliers y peussent estre receus chacun selon ses facultez & moyens. Ce Reglement ne fut pas plutost faict & deüment notifié par les Emissaires de la Compagnie, que le susdict College de Clermont ne fust bien fourny de Pensionnaires, & pour ceste premiere fois seulement ils receurent quelques enfans en la seconde & plus petite pension ainsi qu'en la premiere & plus grande : Mais tost apres, & lors qu'ils se virent competemment accreditez pour desormais ne faire peuplade que de riches, ils se dispenserent de

L ij

plus faire deux tables, & laisserent par commiseration digne d'eux, aux Regens de l'Vniuersité les petites pensions ne retenans pour eux que les grandes. Au moyen de ceste ruse ils tirerent a eux les enfans des meilleures maisons, & ceux des petites & mediocres, demeurerent par nonchoix aux Academiques. Ce tour de soupplesse estonna beaucoup nos Principaux de College, lesquels faisans trois ordres ou degrez de Pensionnaires, dont le premier & plus grand portoit seul l'entretien d'eux & de leurs Regens, comme c'estuy-cy leur vint a faillir, & qu'il ne resta plus que les deux moindres introduits en faueur des pauures & mediocres, qui partant ne leur estoyent qu'en charge. Ces pauures gens n'ayans comme les Iesuites, viures logis n'y entretien asseuré, ains entierement dependant, & du tout fondé sur ce premier ordre de Pensionnaires qui leur fut greslé tout à coup par ce traict susdict qu'on leur ioüa, se virent contraints de congedier leurs Regens & Pedagogues, & les laisser de l'a en auant se pouruoir ainsi qu'ils auiseroient bien: pour apres telle desroute, se cheuir comme ils pourroyent: Tellement que depuis ce temps-là, les Salles communes, esquelles les enfans s'assembloyent auec le Principal & les Regens, pour prēdre leurs repas ont esté rompuës, & chacun qui a peu recouurer des Pensionnaires feparément en fa chambre, s'est reduict à viure de menage, trauaillé de ce penible foing & ennuyeux diuertiffement, qu'apporte à ceux qui font claffe, & autrement vaquent à l'eftude, la conduite feruile de cefte Oeconomie inufitee, dont ils eftoyent defchargez auparauant. Et neantmoins les Iefuites, fans auoir egard à la condition laborieufe & ingrate, à laquelle ils ont par leurs pratiques rabaiffé & faict decheoir les Regens de l'Vniuerfité, & pour accroiftre leur mifere, eux qui font remplis de biens commoditez & richeffes, fans s'employer qu'autant qu'ils veulent, fous le nom fuppofé du feu Roy que Dieu abfolue, difent à ces pauures gens qui trauaillent iour & nuict comme Forçats pour viure petitement: *Faictes mieux que les Iefuites, & vous aurez plus d'Efcoliers*. Et non contens de ces paroles plaines de moquerie continuent, voire mefme accroiffent leurs brigues & menees vers les grands, tant afin de rauir le College de Chaalons à celuy qui le tient, en eriger de nouueaux à Troyes & ailleurs, que pour fe remettre à Paris contre l'intention & volonté de la Court. Or fi en tout ce que nous auons dit, l'on peut remarquer les grands auātages que ceux de ceste Compagnie ont sceu prendre bien accortement sur les supposts de l'Vniuersité, és exercices esquels ils se sont par concours employez auec eux : Leur prudence ne fut pas moins reconuë en la precaution dont ils vserent pour estre dressez & payez sans peine, des prix taxez par eux mesmes, pour les Pensiōs de leurs Escoliers domestiques, & qu'ils ont tousiours du depuis entretenuë en semblables occasions, pour ne rien risquer du leur faute de bonnes suretez, enquoy toutesfois il n'est possible à nos Regens de les imiter à peine d'encourir aussi tost l'indignation commune des parens des enfans, & le blasme ou reproche de plusieurs, comme je feray voir, & que l'experience nous en donne de iour en iour trop de preuues. Voicy donc l'ordre que les Iesuites establirent pour leurs Pensionnaires. L'enfant que l'on mettoit en leur College, y apportoit son lict garny, & si ses parens n'estoiēt residents & bien domiciliez dans Paris, ils estoient tenus bailler vn bon Bourgeois & homme soluable y demeurant, qui respondoit de la pension, & comme Principal obligé, signoit dans le papier ou registre du Procureur du College, en cottant son nom, ruë & enseigne de sa maison : ce qui soulageoit le susdict Procureur, des courses qu'il luy eust conuenu faire par les Hostelleries ou logeoient les Messagers d'Anjou, Poictou, Bretagne, Normandie, Champaigne, Picardie & autres lieux pour toucher l'argent deu à cause des pensions que payoient les enfans enuoyez desdictes Prouinces & Villes, en leurdict College, & qu'ainsi à la diligence des respondants, ils fussent incontinent & sans delay satisfaicts de la pension, sans autre diligence de leur part. D'auantage s'il aduenoit qu'vn de leurs Pensionnaires vint a estre malade, soudainement son respondant estoit aduerty de le retirer, luy faire prendre medecine, ou autrement le remettre en nature, ainsi qu'il auiseroit bien : ne iugeans à propos de laisser le malade parmy ses condisciples pour ne leur apporter de l'incommodité, tellement que le Bourgeois caution, dés l'instant mesme demeuroit seul chargé du soin de pouruoir à l'enfant, le transporter, la part qu'il voyoit bon estre, sans que ceux du College s'en trauaillassent autrement.

Or pour bien entendre comme nos gens de College ne sçauroient pas proceder auec telle roideur que les Iesuites en ce commerce de Pensions, il se faut souuenir de ce que ie disois n'agueres : Sçauoir est ; Qu'il n'y a que les pauures, trauaillans assiduement, qui ayent maintenu & maintiennent encor l'Vniuersité. Ceux de ceste qualité ou condition se rangent du commencement (ainsi que i'ay desia monstré) en la Faculté des Arts pour treuuer classe, exercer la Pedagogie, & s'accroistre en Capacité & moyens afin d'entrer puis apres & se promouuoir à l'vne des trois Facultez superieures. C'est donc ceste Faculté des Arts qui faict florir les Colleges, pouruéoit au Rectorat dignité souueraine de l'Vniuersité, crée les Procureurs des quatre Nations, faict les Officiers communs de tout le corps, & à seule plus de peine & de solicitude que toutes les trois autres Facultez ensemble, lesquelles s'il y a quelque coruee de compliment à faire par ledict Recteur en laquelle il soit de bienseance qu'il aille accompagné: Chacune d'icelles, se dispense tant qu'elle peut d'y contribuer, & se contentera d'enuoyer vn ou deux de son corps, & encor auec difficulté pour l'assister. Qui faict que les Principaux & Regens des Colleges sont contrains en telles occasions pour soustenir l'honneur de toute l'Vniuersité en la personne du Recteur, de surseoir leurs leçons afin d'assister leur chef commun. Et si vous me demandez qui est cause de telle nōchalance de la part des Facultez Superieures? Ie croy que

que cela vient de ce que chacun des suppôts d'icelles Facultez, paruenu qu'il est au Doctorat, change d'inclination, ou bien se voit desormais engagé en vne condition plus auantageuse qui luy faict oublier la premiere, de laquelle il n'a plus que faire, ne l'ayant auparauant exercee que pour atteindre à celle qu'il possede maintenant : où bien il se sera retiré sur son benefice, s'il est Theologien, où occupé à ses pratiques s'il est Medecin, ou sera mal portatif & pesant ainsi que sont la plufpart des vieux Docteurs : Tellement que la seule Faculté des Arts, comme elle est la base & fondement des autres Facultez, ainsi elle est l'Atlas qui souftient le Ciel de cet Vniuersité. Comme il s'est encore veu en ce peu de deuoir qu'elle a rendu aux derniers Estats, persistant (auec ce grand Parlement, & le Tiers Estat sous ses auspices) en l'affirmation de nos anciennes & certaines veritez.

Ceste digression ne m'emportera pas plus loin, pour reuenir à mon suiect, qui est de vous iustiffier le preciput ou auätage qu'ont gagné les Iesuites sur les Regens de l'Vniuersité au faict des Pensionnaires, comme en tout autre chose qui donne à l'exercice duquel il s'agit. Vous auez veu comme ils pouruoyent si bien à leur sureté lors qu'on

M

leur baille des hostes, qu'ils sont de l'a en auant tousiours à couuert, & ne sçauroyent rien perdre pour tout ce qui est à eschoir à l'auenir, à cause de leurs domestiques & internes, qu'autrement nous appellons Pensionnaires. D'estimer auiourd'huy que les Regens puissent faire le semblable, seroit s'abuser. Et si vous me demandez pourquoy? ie respons ainsi que i'ay faict par cy deuant sur vne autre question. Que ceux de ceste Compagnie ont tousiours tant d'heur au succez de leurs desseins, que nul qui se soit iamais adressé à eux en qualité de Postulant pour Pensionnaires, s'est offensé que le Procureur de leur College, faisant la conuention ait voulu s'asseurer du payemēt. Et faut bien noter que si le stipulant pour l'Escolier ne pouruoit à cela comme il est accoustumé le susdict P. Procureur luy dira fort nettement sans s'en esmouuoir autrement: La Compagnie ne prend charge d'Enfans qu'à ceste condition, & ainsi congediera froidement celuy qui le pretendroit allecher par l'auance du premier quartier, comme l'on a fait maintefois, les Regens d'Vniuersité, lesquels il est aisé de circonuenir en telles occasions, pource que la seule necessité les comblant à la recherche des Pensionnaires, il aduient qu'en leur baillant des Enfans, & leur faisant auance comme dict a esté du premier quartier de leur pension, on leur fera croire que les quartiers suiuans leur seront deliurez auec pareille facilité: & d'vn mesme train, ils seront aussi chargez de fournir aux menuës despenses de l'Escolier, auec promesse de rembours, en vuidant le second quartier.

Le Regent qui n'ose contester auec celuy qui luy donne vn Hoste, lequel il sçait bien pouuoir aisément placer ailleurs à mesme condition veu qu'il y a icy tant de Pedagogues à loisir, si luy auquel l'estudiant est premierement offert ne l'accepte, s'en charge sur la parole du commettant, & ainsi mal asseuré qu'il est d'estre secouru d'argent, s'engage à la nourriture, instruction & entretien de son Escolier, lequel il luy conuient desormais garder sain & malade, au hazard de perdre ce qu'il y met, si le Pere ou le tuteur sont gens de mauuaise foy: Car il s'en est trouué qui apres vn long temps qu'ils ont amusé les Pedagogues, & iceux repeus de vaines esperances, ont faict secrettement retirer leurs Enfans, & frustré leurs Maistres de ce qui leur estoit deu. Nous auons aussi veu des Maistres qui ont longuement gar-

M ij

dé leurs disciples sur des promesses d'ample satisfaction, & en fin ne pouuans non plus fournir aux mises particulieres, qu'à la despence de bouche, ont esté contrains faire des poursuittes en iustice, pour obtenir des condemnations, & enuoyer de Paris en Poitou, Limosin & Bretaigne, saisir des terres pour penser recouurer quelque partie de ce qui estoit deu & auancé pour le suiect des Pensionnaires, despendre plus que ne montoit la dette, & perdre tout. Tellement que ces faillites ont souuẽt causé la ruine des Pedagogues, qui pour n'auoir dont-ils se peussent aquiter enuers leurs Creanciers, vendeurs en detail de viures & prouisions, dont ils auoyent sustenté leurs Pensionnaires, ont esté contrains auec decriement & scandale, de se retirer de Paris, sans qu'ils fussent neãtmoins en dol ou fraude pour ce regard. Et n'est possible de remedier à cet inconuenient, pour ce qu'il se trouue peu de personnes capables dans les Colleges, qui se vueillent charger de Pensionnaires *& en bien faire leur deuoir*, si elles ont de leur chef quelque moyẽ de se maintenir sans cela. De sorte que c'est communément aux plus necessiteux, qui s'efforçans de paruenir, ne rebutent ce qui se presente, que l'on est contrainct de s'adresser en ce besoin, & n'y a que ceux de ceste qualité qui se chargent de Pensionnaires, & y prennent la peine requise : Comme de faict s'il aduient que quelque estudiant en Theologie ou Medecine d'vne famille aisee, pour se façoner mieux & s'aquerir plus d'habitude de faire en public, entreprenne d'enseigner vne annee ou deux les lettres Humaines en quelque troisiesme ou premiere, ou faire vn cours de deux ans en Philosophie : Comme il se sentira suffisamment fourny de liures, & à l'abry de la grosse necessité, il ne se mettra pas en queste de Pensionnaires, mais luy mesme pour estre releué du soin de sa despense, & vaquer seulement à ses estudes & leçons, se rangera à la pension qu'il jugera plus à sa commodité, dans le College mesme ou il enseigne. Dont resulte qu'il n'y a bien que les moins aisez qui cherchent les Pésionnaires & soiét plus portez *à y faire le deuoir requis*, veu que c'est leur gagne-pain.

Partant ce que les Iesuites (qui sont bien bastis en fonds cóme chacun sçait, & qu'aussi ils y mettent bonne peine) se sont sans besoin n'y necessité qu'ils en eussent determinez de leuer boutique, & prendre Pensionnaires chez eux: n'a esté (comme i'ay cy deuant dict, & qu'il se peut inferer des raisons alleguees) que pour faucher l'herbe sous le

M iij

pied des pauures Profeſſeurs, leſquels font dreſſent & compoſent l'Vniuerſité, & ainſi ſe l'aquerir & gagner entierement, ſe l'approprier & la transformer en eux, la reſtraindre auec le total Empire des lettres à leur Compagnie, pour nous jetter en tel abyſme d'ignorance, que nous ne puiſſions voir, ſçauoir, entendre n'y conoiſtre rien que par eux, ainſi que deſia nous experimentons en ceux qui du iourd'huy, pour faire leurs eſtudes en Theologie, ne ſ'arreſtent qu'à leurs liures : Car ils s'en vont deſtruire l'ancienne Doctrine de la Faculté, derogeans la creance que l'on auoit touſiours euë aux Saincts Conciles receuz en France, & aux eſcrits des excellens Docteurs, que ladicte Faculté iuſques icy auoit eu en honneur, & reuerence ainſi qu'ils pretendent ſubuertir les formes ordinaires des iugemens en la Police ciuile, ſous diuers pretextes de dangereuſe conſequence.

Cependant ie reuiens aux incommoditez que ſouffrēt les Regēs de l'Vniuerſité, à cauſe de leurs Penſionnaires, deſquels *la Compagnie* ſe ſçait fort bien exempter comme nous auons veu pour le regard de ceux qu'ils reçoiuent en leur penſion. Donc ſuppoſé que le Regent ou Pedagogue d'Vniuerſité ſoit bien ſatisfaict de ce qui eſt accordé : il faut toufiours néantmoins, qu'il employe la meilleure partie de son temps à faire repeter ses Pensionnaires. Cela faict il est occupé à considerer comme il se pourra maintenir auec sa petite trouppe, de ce qu'on luy baille pour le defray ou Pension de ses domestiques, lesquels il ne sçait s'il conseruera du iour au lendemain, veu l'instabilité des volontez du monde. Apres cela l'heur ou mal'heur de sa petite condition depend de son seruiteur. Car bien souuent telles gens que les garçons de College, par leur mauuaise conduite ou inexperience, font si grād degast qu'ils sont cause de la dissipation des Pedagogies, qu'ils ont entrepris de seruir. Or de tous ces embarassemens, les Regens Iesuites n'ont poinct l'esprit broüillé, ils ont qui les descharge des distractions & incommoditez que reçoiuent les Pedagogues & Regens seculiers, lesquels n'ayant que cinq ou six Pensionnaires, il faut qu'ils leurs dōnent & dictent en outre leurs Themes, & repetitions ordinaires, des suiets & compositions de semaine en semaine, pour escrire à leurs Peres, enuoyer à leurs Oncles, parens & autres amis qu'ils peuuent auoir : il faut puis apres que les susdits Maistres & Pedagogues, soient Regens ou non, corrigent lesdictes Compositions, enquoy il y va bien de leur loifir: il s'en confomme encor beaucoup plus quand les enfans ont plufieurs amis ou conoiffances. Car fi leurs amis viénent à Paris, il faut que leur Maiftre les conduife pour faire toutes les vifites requifes vers le Louure, ou à l'autre bout de la ville: Autrement il fera eftimé inciuil & peu refpectueux à l'endroict de ceux qu'il faut vifiter, auffi fera-t'il iugé incurieux & mal foigneux de fes domeftiques, ne les coduifant pas foy-mefme la part qu'ils vont en vifite. Cependãt s'il fe rẽd fujet à tout cela il n'eft pas fouüét en fon eftude n'y fur fes liures, allãt ainfi courir les ruës, la où les Regens Iefuites ne font point fuiets de faire efcorte à leurs domeftiques ou Penfionnaires, quand ils fortent, ains laiffent faire la Court à ceux du logis qui n'ont que cela en partage, la ou vn pauure Regent ou Pedagogue de College, pour auoir manqué à tel Compliment, fera incontinent caffé, & defapointé de fes Penfionnaires, s'il vient en fantaifie aux Parens, fans l'excufer, à caufe de tant de diuers empefchemens qu'il peut auoir, comme il apparoift.

Ie ferois long fi ie voulois dire combien le pauure maiftre d'Vniuerfité à de peines pour faire l'achapt des eftoffes & habits neceffaires à fes Efcoliers, s'il aduient qu'on

luy

luy en donne charge : le temps qu'il employe pour dresser les memoires de ses mises, compter aux Tailleurs, Cordonniers, Buandieres & toutes sortes de gens qui doiuent fournir ce qu'il faut à ses Pensionnaires, auancer aux Libraires, Relieurs Papetiers & telles autres personnes, ce qui est requis à ses gens. Et comme apres que ce Regent à faict de grandes emploittes, les peres & meres souuentesfois sont bien morosifs à rendre ; Ils controllent les parties, ils en retranchent si bon leur semble, & faut que le pauure maistre patiente, s'il est calomnié & blasonné d'eux quand il retire ce qu'il a auancé. Partant ie tiens heureux les Regens Iesuites, qui sont à l'abry de telles trauerses & incommoditez. Ce n'est pas encor tout. Car i'ay coneu maints Pedagogues lesquels aux iours qu'ils sçauoient arriuer les Messagers des villes dõt ils auoient des enfans, estoient contraincts d'enuoyer leurs seruiteurs pour descouurir l'heure de l'opportunité desdicts Messagers, & sortis de leurs classes (s'ils estoient Regens) les ay veu courir promptement aux logis & Hostelleries de ces gens-là, pour toucher d'eux ce qui leur estoit accordé, les caresser & amadoüer a ce qu'ils ne leur enleuassent les enfans (comme souuent ils ont faict) sans

N

prendre congé des Maiſtres, par l'induction des Parens, & pour frauder (ainſi) faiſant iceux Maiſtres, Pedagogues ou Regens, de ce qui eſtoit deu. Or de toutes ces peines, les Regens des Ieſuites ont lettre d'exemption, & leur Procureur n'a perſonne à qui il luy faille parler, qu'à vn bon Bourgeois de ville caution de ſon payement, qui le ſatisfaict à la premiere ſemonce. De plus, s'il aduient qu'vn enfant Penſionnaire d'vn de nos Regens ſoit malade, ſon Maiſtre n'oſeroit ſans permiſſion le mettre chez vne garde, ains il luy faut le ſoigner en ſa chambre, endurer toute ſorte d'incommodité pour luy ſubuenir, aller & venir ſolliciter les Medecins, Chirurgiens, Apotiquaires & autres perſonnes neceſſaires pour le recouurement de la ſanté de ſon domeſtique. Et ſi le ſuſdict Maiſtre, pour ſe ſoulager de tant de peines, l'auoit faict tranſporter & loger ailleurs, les Parés s'en offenceroient, parleroyent de luy cóme deſnaturé, ſans charité & ſans affectió, & toutes les parties qu'il aura faictes pour la maladie de l'enfant, ſeront auſſi malaiſees à retirer, cóme toute l'autre deſpenſe. Cependant le temps, les moyens, & l'induſtrie du pauure Regent s'eſcoulent en tels exercices ſans qu'il en remporte ſouuentefois rien que diſgrace & perte. Voyez donc ſi les Regens

Iesuites sont beaucoup trauaillez, veu qu'ils n'ont tels diuertissemens que ceux-cy, puis que la caution bourgeoise, baillee pour tel effect au Procureur de leur College, quand l'on a mis quelque enfant chez eux, les releue tous de telles inquietudes.

Mais ie ne finirois iamais, s'il falloit adiouster à toutes les peines susdictes, ce qu'vn Regent porte de fatigues, quand il faict declamer ses gens, ou qu'il les exerce en quelque action publique: le long temps qu'il vaque pour dresser icelle action, former & composer la grace, port & contenance des Acteurs, faire les semonces aux amis & parens de se trouuer au iour de la representatiō de l'action, le soin de l'impression des affiches, de la construction du Theatre, loüage d'habits & de tapisseries, repetitions des personnages, rafraischissemens, collations, qu'il conuient faire aux enfans à tous momens, deuant & apres, soit pour les preparer auant l'action, ou pour les recréer apres icelle faicte, qui sont choses où il y va tant de trauail, coust & despense, qu'il est incroyable, car le pauure Regent est seul à tout cela. Les Regens Iesuites en tel cas se deschargent de tout, tant sur les repetans en châbre, dōt nous auons desia parlé, que sur les Coadjuteurs temporels, qui dressent les Theatres,

& pouruoient à tout ce qui reste, sans que le Regent ait peine de rien.

    Ce n'est pas neantmoins, que parmy tout ce tracas d'infinies affaires, besoins & necessitez, esquelles chacun de nos pauures Regens d'Vniuersité est plongé exerçant sa petite fonction, & dont les Regens des Iesuites ont leurs plaines dispenses, pour y auoir bien sçeu pouruoir en temps & lieu : Ie ne soustienne tousiours librement, que nous pouuons tirer de chacune de nos classes, des enfans plus capables qu'il ne s'en trouuera en celles des Iesuites, de mesme rang ou ordre, m'asseurant bien, que si ces gens la laissoient aller sans fraude, practiques & subornemens, leur exercice & le nostre, son courant ordinaire, ils ne nous pourroient pas dire brauachement, en nous reprochant comme ils font nostre petit nombre d'auditeurs. *Faictes mieux que les Iesuites, & vous aurez plus d'Escoliers.* Car si des effects on conoist la cause, & de l'excellence d'vn ouurage, l'on iuge le merite, capacité, & diligence de l'Ouurier, il est assez notoire, qu'en l'an cinq cens quatre-vingt quatorze, peu auant leur sortie de Paris, s'estant meu quelque propos, entre des plus grands de ce Royaume, du proffit que faisoient aux lettres, les Escoliers estudians dans le College de Clermont, au deſſus des eſtudians dans les autres Colleges: Il fut faict vn triage de quelques Eſcoliers, prins de part & d'autre pour les confronter & faire ioindre, mais en la Concertation ou diſpute, ceux de nos Colleges preualurent, & remporterent la victoire. Qui faict bien voir que le cajol & vanterie des Ieſuites, ſert plus à leur reputation que leurs ouurages. Et de faict l'on ne peut pas douter, que leur venuë en l'Vniuerſité n'ait beaucoup diminué le nombre des hommes rares, & excellens en toutes profeſſions, dont elle ſe rempliſſoit, qui tous ſe faiſoient tels dans nos Colleges, car qui m'oſeroit nier qu'à leur arriuee à Paris, ils n'ayent trouué en la Theologie, ceux que i'ay cy deuant cottez? Et pour les lettres Humaines, nous auions lors Turnebe, Ramus, Lambin, Carpêtier, auſquels puis apres ont ſuccedé Des Merliers, Paſſerat, Marſil, Criton, Grugeon Boſſulus de Roüen, & pluſieurs autres & pas vn deſquels, il ne nous aſſortiront iamais aucun de leurs diſciples. Là ou tout à l'oppoſite quand ils en ſortirent l'an 1594. ils ne nous laiſſerent ſinon fort peu de gens de leur façon, qui ayent reputation. Car ceux qui demeurerent apres eux & ſont encor maintenant en quelque eſtime dans les Eſcoles publiques, Colleges & Bar-

N iij

reaux, n'ont point apris les bonnes lettres chez eux, mais dans les anciens Repaires de l'Vniuersité. Tellement qu'ils sont cause qu'auiourd'huy personne n'estudie plus si solidement comme auoient faict ceux que i'ay prénommez chacun en sa science, ains l'on se contente d'vne petite conoissance superficiaire, soustenuë de caquet, comme celle des Charlatans d'Italie, pour-ce qu'il n'y a honneur n'y proffit (comme auant leur venuë) à s'employer fermement apres les bons liures, d'autant qu'ils ont tout alteré, & nous supprimans tant qu'ils peuuent toutes les editions anciennes, ils nous substituent de foire en foire, leurs consarcinations, qui ne sont que deguisements de diuers Autheurs, ausquels en appartient la premiere recherche, si qu'on peut attribuer à plusieurs d'entr'eux ce mot de Iean Fichard Iurisconsulte. *Muta stylum, librique titulum, & efficies opus nouum.*

Or ie reconois maintenant bien tard que ceste mienne responce excede la iuste mesure d'vne lettre : mais d'autant que la vostre m'a semblé proceder trop sommairement, & sans suffisante conoissance de cause, au iugement d'vne pretenduë exclusion de tant d'honnestes personnes, pourueuës de bonnes lettres, sens & capacité, despourueuës toutesfois de moyens & facultez temporelles, qui de bonne foy & sans aucun dessein que de biē meriter du public, se desirent employer icy, & par tout le reste de la Frāce, en l'instruction de nostre jeunesse, ainsi qu'ont faict auant-eux, ceux qui les ont precedez en ceste Vniuersité, i'ay creu que ie me deuois estendre sur vn sujet si fauorable: vous sçauez le peu d'interest que i'ay en mon priué & particulier à debattre ceste question, veu que la iuste deffiance de ma capacité, m'a tousiours retenu d'entreprendre ce loüable & meritoire exercice, me contentant d'y contribuer de conseil. Mais comme ie voy à quoy ceux qui briguent cela si ardamment sont portez, & la consequence de l'affaire, ie ne vous veux non plus dissimuler par escrit ce qui m'en semble, que i'ay par cy deuant faict & feray de viue voix.

F I N.

www.ingramcontent.com/pod-product-compliance
Lightning Source LLC
Chambersburg PA
CBHW070305100426
42743CB00011B/2359